● 北京服装学院高水平教师队伍建设专项资金支持项目
（项目编号：BIFTBJ201808）

新常态下
服装业财务绩效指数波动及动因研究

邵争艳◎著

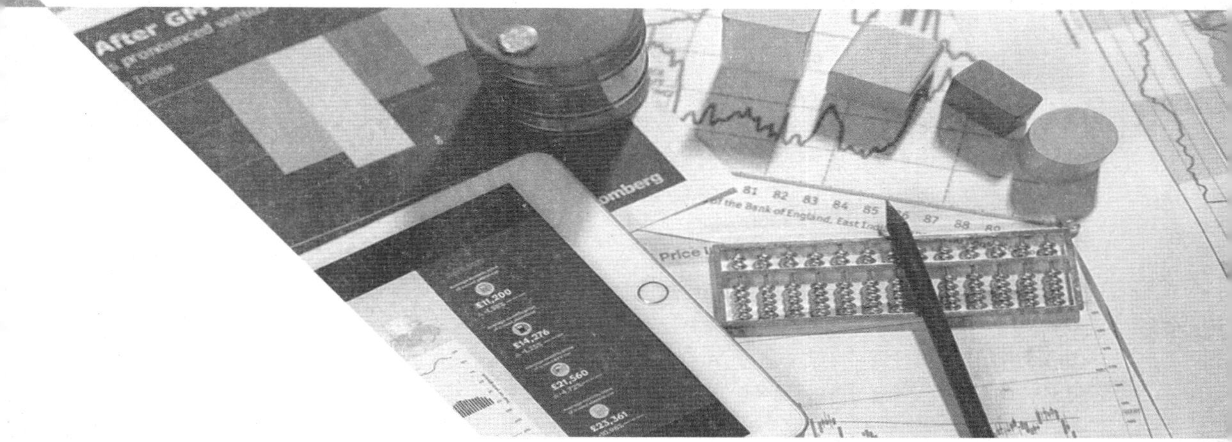

中国纺织出版社有限公司

内 容 提 要

中国经济进入新常态以来，传统服装业面临经济增速换挡、产业结构调整、贸易保护主义抬头三重压力，产业内部同质化竞争激烈，企业获利能力持续下降，财务风险加速聚集，亟需定量化方法，多维度动态监控服装业财务绩效变化，确保服装业可持续发展。本书运用统计指数理论，编制了我国服装业上市公司2012～2018年综合财务绩效指数及反映盈利能力、周转能力、偿债能力和发展能力的四大类别财务绩效指数。研究表明，当前我国服装业财务绩效状况呈现弱势发展格局，然后本书结合计量经济学方法，分别从宏观层面、行业层面和微观层面，分析了经济波动、行业财务能力变化、企业战略差异程度对服装业财务绩效指数波动的影响，最后本书从多个维度提出提升服装业财务绩效的对策建议，引导服装业走向高质量发展的健康之路。

图书在版编目（CIP）数据

新常态下服装业财务绩效指数波动及动因研究 / 邵争艳著. -- 北京：中国纺织出版社有限公司，2021. 1

ISBN 978-7-5180-8070-0

Ⅰ. ①新… Ⅱ. ①邵… Ⅲ. ①服装工业－财务管理－研究－中国 Ⅳ. ①F426.86

中国版本图书馆CIP数据核字（2020）第209581号

责任编辑：顾文卓　　特约编辑：范　晨

责任校对：高　涵　　责任印制：储志伟

中国纺织出版社有限公司出版发行

地址：北京市朝阳区百子湾东里A407号楼　邮政编码：100124

销售电话：010—67004422　传真：010—87155801

http://www.c-textilep.com

中国纺织出版社天猫旗舰店

官方微博 http://weibo.com/2119887771

三河市宏盛印务有限公司印刷　各地新华书店经销

2021年1月第1版第1次印刷

开本：710×1000　1/16　印张：12.5

字数：152千字　定价：68.00元

前言
PREFACE

企业财务绩效状况是企业经营管理和价值创造活动的晴雨表，也是外部环境对企业影响的指示器，更是数智时代基于内外部大数据进行数字化财务管理的关键节点，备受学界和业界的广泛关注。2012 年中国经济进入新常态以来，服装产业结束了长达数十年的高增长状态转为中低速增长，外部受国际市场及宏观经济波动的影响重，内部同质化竞争异常激烈，企业获利水平不断下滑，部分中小企业出现倒闭潮。在复杂的经济经营形势下，亟需从产业层面运用定量化分析手段监控服装业财务绩效波动趋势，并深入分析影响财务绩效波动的内外部动因，引导服装业可持续健康发展，防范产业风险。

本书试图突破基于单一企业研究财务绩效的传统视角，在产业层面编制财务绩效指数进行动态研究，财务绩效的研究对象从“企业个体”拓展为以服装业所有上市公司为样本的“行业整体”，财务绩效的研究内容从静态的财务绩效状况评价研究转变为动态的财务绩效指数化研究。研究思路的转变既有利于企业利益相关者了解服装业财务绩效的整体发展趋势，又方便具体企业与行业整体绩效状况做对比分析，找出差距，更符合大数据时代对会计工作所赋予的服务微观决策与宏观管理双重职能的需要。

本书首先对财务绩效理论及指数编制理论等相关理论进行了文献回顾和

理论分析，在此基础上，采用加权算术平均数指数法，编制了我国服装业上市公司2012 ~ 2018年综合财务绩效指数及反映盈利能力、周转能力、偿债能力和发展能力的四大类别财务绩效指数，分析了服装业综合财务绩效指数的波动特征和发展趋势。然后运用计量经济学方法，分别从宏观层面、行业层面和微观层面寻找动因，构建模型进行实证研究，先后分析了经济波动对服装业财务绩效指数波动的影响、行业财务能力变化对服装业财务绩效指数波动的影响、企业战略差异程度不同对服装业财务绩效指数波动的影响。研究表明：新常态下服装业财务绩效状况呈现波动下滑的“L”形筑底趋势，2016年下半年到2017年明显止跌反弹，但并未形成持续好转的态势，长期弱势发展格局并未改变。从宏观层面来看，服装业财务绩效对来自宏观经济景气度先行指数的影响比较重，呈现出先抑制后提升的效应；从产业层面来看，服装业财务绩效波动短期内靠加杠杆推动，但长期和根本性因素还是取决于产业盈利能力的变化；从企业层面来看，战略差异度越大的企业，企业财务绩效指数波动越大，而且企业在投资战略和经营战略上的不同选择，深刻影响着企业财务绩效指数波动变化的方向，通常选择高比例固定资产投资、走重资产发展道路的服装企业，财务绩效下降速度快，明显低于行业平均财务绩效指数波动水平，反之，走轻资产发展道路的服装企业，财务绩效提升速度快，明显高于行业平均财务绩效指数波动水平。最后本书分别从政府宏观调整、行业协会管理、企业层面提出相应的对策建议，旨在稳定提升服装业财务绩效，引导服装业走向高质量发展的健康之路。

本书是北京服装学院高水平教师队伍建设专项资金支持项目“新常态下服装业财务绩效指数波动及动因研究”（项目编号：BIFTBJ201808）的研究成果，也是我多年来对服装业财务报表分析与财务绩效研究的思考和总结。本书的出版得到了中国纺织出版社有限公司的大力支持，希望本书的一些观点能够引起更多学者的共鸣与思考，共同推动基于企业内外部环境数据的财务绩效研究工作。

由于本人水平有限，本书尚存在许多不足之处，敬请读者批评指正，如有问题，可通过邮箱 sxyshaozhengyan@bift.edu.cn 和作者联系。研究工作带给人的感觉是复杂的，遇到瓶颈时，会有山重水复疑无路的迷茫，思路畅通时，又有柳暗花明又一村的快乐，持续的思考和学习，是一个不断求索和解惑的过程，虽然学海无涯，但也乐在其中。以此与学术界的同行和朋友共勉。

邵争艳

2020 年 9 月于北京

目录

CONTENTS

第一章　绪　论

第二章　相关理论综述

第三章　服装业财务绩效指数的编制

第四章　服装业财务绩效指数波动特征及趋势分析

第五章　经济波动对服装业财务绩效波动的影响分析

第八章 结论与建议

第一章 绪论

第一节 研究背景

一、新常态下传统服装业面临困境需要科学指导

改革开放以来，尤其是中国加入WTO后的十余年来，一大批本土服装企业应运而生并快速发展，通过OEM代工等方式使产品远销全世界，服装销售收入和资产规模多年来保持两位数增长，远远超过同年GDP的增长速度，为中国的经济增长做出了巨大贡献。然而随着中国经济进入新常态，服装业面临周期性调整和结构性调整的双重挑战，最近几年服装市场需求和产能供给呈现出从高速增长向中低速增长转变的局面。中国服装业在高速发展的十几年间积累的许多问题也不断浮出水面。首先，受国外市场需求疲软的影响，代工生产模式难以为继，出口销售呈现快速下滑的趋势，在做自主品牌的过程中普遍采取“订货制”模式，这种模式不是以消费者需求为导向，而是以经销商需求为导向，没有形成充分了解和满足消费者需求的有效机制，造成经销网点大量库存产品积压，获利能力严重下滑。其次，服装企业普遍缺乏自主创新和品牌建设能力，最近几年货币超发导致服装企业价值链相关的上下游企业原材料、人工费、租金、税收等成本不断上涨，在市场需求趋于饱和的情况下，服装企业之间的同质化竞争异常激烈，大企业获利水平不断下滑，中小企业连年亏损甚至破产倒闭。最后，传统服装企业渠道销售模式单一导致应变能力差，电子商务的蓬勃发展使传统服装企业面临着的

市场不确定性因素成倍增加。目前来看，传统服装业的转型升级单纯依靠企业一己之力难以完成，必须从产业层面运用定量化分析手段把握产业发展变化趋势，构筑智能产业决策系统，指导企业克服困境，完成结构调整升级的任务。

二、服装产业深受宏观经济影响需要精准调控

服装产业是我国国民经济的传统支柱产业和重要的民生产业，也是国际竞争力优势明显的产业，在繁荣市场、扩大出口、吸纳就业、增加人民收入、促进城镇化等方面发挥着重要作用。同时，服装产业对外部环境的依赖程度大，受宏观经济波动的影响重，属于典型的周期性行业。2008 年金融危机爆发，首先受到冲击的是以服装产业为首的传统制造业，纵观最近几年我国服装企业风险聚集的几个重要原因：市场需求萎缩导致企业业务量减少；人民币升值导致企业利润减少；原材料和劳动力成本上升导致企业经营压力增大；国家宏观调控导致企业融资困难；经济转型升级导致企业运营风险加大等，都与宏观经济因素波动密切相关，并非企业自身经营策略或投融资决策失误导致的。可见，单纯观测企业微观层面若干财务指标的变化进行财务危机预警，难免一叶障目，抓不住企业财务风险产生的深层次原因，必须从宏观层面把握服装业财务状况变化趋势及宏观影响因素，并进行精准调控。

三、产业层面迫切需要深度挖掘财务会计信息

财务会计信息是企业经营管理活动的一面镜子，能够及时、系统、全面地反映企业财务状况、经营成果和现金流量变化情况。近年来，会计准则的不断修订和完善为企业提供可靠的会计信息奠定了良好的基础，上市公司的

季报、半年报和年报信息为学术界和产业界提供了大量可以利用的会计信息。随着企业财务会计信息在经济生活中的重要性、真实性和丰富性的不断提高，中国纺织服装联合会、中国纺织网络信息有限公司等行业中介组织越来越深刻地认识到，从服装产业层面提炼财务会计信息，可以帮助政府及时深入地了解微观经济情况，把握宏观经济走势，做好宏观经济决策。当前，学术界及实业界利用财务会计信息进行的研究工作主要集中在企业层面的财务绩效分析及财务状况预警，缺乏在产业层面甚至宏观经济层面充分利用会计信息发挥社会监督和社会服务职能。因此，有必要站在行业层面的高度深入开展财务会计信息的提炼和深度挖掘工作，让会计信息更好地发挥社会监督和社会服务职能，提升会计信息的经济价值。

第二节　研究意义与目的

我国服装产业深受经济波动的影响，建立我国服装产业综合财务绩效指数，使之成为指导微观经济的“指南针”和反映宏观经济的“晴雨表”，对提升会计工作在宏观经济决策和动态财务绩效管理和风险预警方面，具有重要的理论价值和实践应用价值。

首先，有助于服装业管理者准确判断产业经济运行趋势，从而调整企业的发展战略和布局。服装业财务绩效指数能够发挥对产业内企业群体在一定会计期间运行情况的监测和诊断功能，从而使企业树立风险管理的全局意识，能够根据服装产业整体运行趋势，准确定位影响企业财务绩效的各种内外部因素，科学调整自身的发展战略和财务策略，提高服装企业的抗风险能力和价值创造能力。

其次，有助于政府和行业协会根据服装业的实际情况适当调整宏观经济政策和产业政策，科学助推服装业的可持续发展。随着我国社会主义市场经济体制改革向纵深方向发展，宏观调控越来越多地依靠市场手段进行。编制服装业财务绩效指数能科学反映中长期企业财务绩效的变化趋势，并借助计量经济方法分析企业财务绩效指数波动的关键影响因素，有助于政策制定者了解政策效果，为宏观经济政策、产业政策的调整提供数据支持。

最后，有助于企业利益相关者从行业层面洞悉风险和发现价值，引导社会资源实现优化配置。服装业财务绩效指数能够发挥对产业整体运行效果的评价功能，利益相关者通过长期追踪服装业财务绩效指数的变化，有利于投资者和证券分析师能够准确预测行业风险，评估行业投资价值；供应商和零售商能够及时调整与服装企业的合作方式，减少贸易风险；银行等金融机构能够科学制定信贷决策，降低融资风险。

第三节　研究思路与研究方法

一、研究思路

财务指数编制工作涉及多学科知识，本书首先梳理了统计指数理论、财务分析理论、财务绩效理论等与本书研究相关的基础理论和方法，其次从财务绩效指数编制的指标体系选择与权重设置、样本和基期确定、财务绩效指

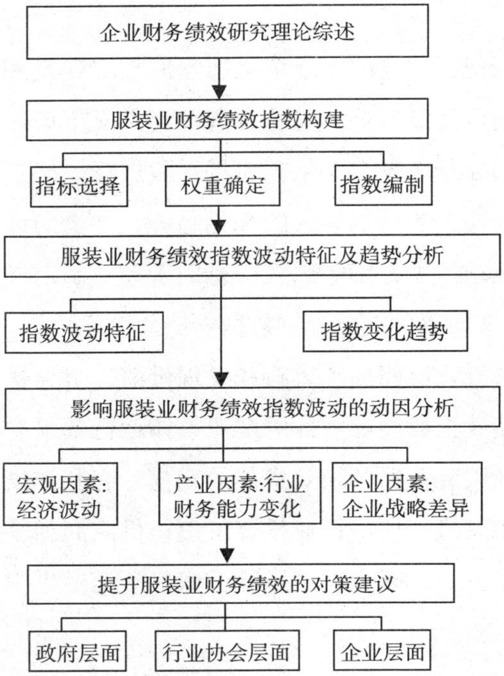

图1-1　主要内容框架结构图

数编制方法等几个重要方面阐述了服装业财务绩效指数编制思路，然后以中国服装业上市公司为研究样本，编制了2012～2018年连续28个季度的服装业类别财务绩效指数和综合财务绩效指数，接着分析了新常态下服装业财务绩效指数的波动特征及变化趋势，再次运用计量经济学工具分别分析了宏观经济波动、行业财务能力指数变化、企业战略差异对服装业财务绩效指数波动的影响，最后根据实证分析结果发现的问题，从宏观层面、产业层面、企业层面提出有针对性的对策建议，有助于动态监督和防范产业风险，确保服装业实现财务绩效的长期、可持续提升，促进服装业转变生产方式、实现高质量发展。总体研究思路的框架结构如图1-1所示。

二、研究方法

本书在理论分析的基础上结合实证研究，利用服装业上市公司财务数据构建新常态下服装业财务绩效指数，以综合反映产业层面的财务状况波动趋势，然后从微观企业层面、中观产业层面、宏观经济层面的不同视角，透视环境因素对服装业财务绩效波动的影响程度，进而有效识别影响企业财务绩效的风险因素和推动因素，科学制定产业战略，指导新常态下的服装业健康发展。主要采用的研究方法有：

文献研究法。全面梳理和总结企业财务绩效研究理论和评价方法的相关文献资料。通过系统的归纳和总结，提炼现有相关研究中的主要观点，分析存在的问题和不足，为本书的研究提供理论支撑和基本论点。

统计指数法和计量经济分析方法等多种定量分析方法相结合。在服装业财务绩效指数构建过程中应用统计指数法；在服装业财务绩效指数波动趋势及影响因素研究过程中，运用计量经济分析方法。

规范分析和实证分析法相结合。在服装业财务绩效指数波动影响因素研究中首先采用规范研究法，分析各层面环境因素对企业财务绩效影响的机理，然后运用实证研究法，定量化地分析各影响因素对财务绩效的影响程度，找出关键性的影响因素。

第四节 研究内容

全书共分 8 章，各章的基本内容如下：

第一章为绪论，主要阐述本书的写作背景和写作意义，重点梳理本书的写作思路、研究方法和研究内容，最后概括本书的创新之处。

第二章为相关的理论基础，首先阐述统计指数的编制理论，主要包括综合指数法和平均数指数法两种加权指数的编制方法，并介绍基于这些方法所形成的服务于经济生活的各类常用指数；接着阐述财务分析理论，重点解释财务分析的内涵，梳理财务分析的起源、演进过程及专门的财务分析方法；最后阐述财务绩效理论，重点说明财务绩效的概念及评价方法，梳理影响企业财务绩效的各种因素。这部分为本书后续的研究提供理论和方法上的支持。

第三章为服装业财务绩效指数的编制，重点阐述运用加权算术平均数指数法编制服装业上市公司财务绩效指数的过程，具体包括服装业财务绩效指数评价指标体系的构建、指标权重确定、样本及基期选择等内容，最终从定基和同比两个方面编制形成 2012 ～ 2018 年服装业盈利能力指数、周转能力指数、偿债能力指数、发展能力指数四大类别财务绩效指数和综合财务绩效指数。这部分工作为后续探究服装业财务绩效指数的波动规律、挖掘服装业财务绩效指数与内外部环境因素的互动关系奠定坚实的数据信息基础。

第四章为服装业财务绩效指数波动特征及趋势分析，首先运用统计性描述方法分析了 2012 年以来构成服装业财务绩效指数的 17 个具体财务指标的数据分布特征，然后利用计量经济学中的自回归移动平均法，构建 ARMA（4，0，1）模型，分析并预测服装业同比综合财务绩效指数的波动趋势，科学预见服装业未来财务绩效波动变化的总体发展规律。

第五章为经济波动对服装业财务绩效波动的影响分析，以宏观经济景气度先行指数作为反映经济波动的代理变量，运用计量经济学中的向量自回归方法，构建宏观经济景气度先行指数和服装业定基综合财务绩效指数的 VAR 模型，在此模型基础上，通过格兰杰因果关系检验，探究宏观经济波动与服装业财务绩效波动之间的动态互动关系，通过脉冲响应函数和方差分解，洞悉宏观经济波动对服装业财务绩效波动的影响方向和影响程度，进而从宏观层面科学研判经济波动对服装业财务绩效波动的影响特征及影响趋势。

第六章为财务能力对服装业财务绩效波动的影响分析，以服装业盈利能力指数、周转能力指数、偿债能力指数、发展能力指数四类指数作为反映行业整体财务运行状况的代理变量，运用计量经济学中的向量自回归方法，构建服装业四大财务能力指数与定基综合财务绩效指数波动的 VAR 模型，在此模型基础上，通过格兰杰因果关系检验，分析服装业盈利能力、周转能力、偿债能力、发展能力变化与服装业综合财务绩效波动之间的互动影响关系，通过脉冲响应函数和方差分解，探究服装业四大财务能力变化对服装业综合财务绩效波动的短期影响程度及影响方向，最后通过构建中国服装业四大定基财务能力指数和定基综合财务绩效指数的协整方程，分析服装业四大财务能力变化对服装业综合财务绩效波动的长期影响程度及影响趋势，进而从产业层面量化分析服装业盈利能力、周转能力、偿债能力、发展能力四大主要财务能力的变化对综合财务绩效波动的影响特征及影响趋势。

第七章为财务能力对服装业财务绩效波动的影响分析，以企业战略差异程度指标作为反映企业个体差异的代理变量，以企业财务绩效指数偏离行业财务绩效指数的绝对值作为反映企业个体财务绩效波动程度的代理指标，运用 Tobit 方法构建了服装企业战略差异度与企业财务绩效波动程度之间的多元线性回归方程，分析企业因经营管理战略决策的差异对企业财务绩效波动的影响程度，接着运用 Kruskal-Waillis 与 Median 非参数检验法，检验构成企业战略差异的六个维度的具体指标在三个不同绩效波动组之间的秩分布和均值分布情况，进而从微观层面探究企业采取的不同投融资决策及经营策略，对具体服装企业财务绩效波动的影响方式及影响程度。

第八章为结论与建议，归纳总结全书实证分析发现的主要研究结论，并从宏观层面、产业层面、企业层面提出具体建议，旨在长期、稳定提升服装业综合财务绩效，帮助服装业有效应对可能出现的各种不确定性风险，实现高质量增长，最后总结本书的不足之处及进一步研究的方向。

第五节 创新之处

本书的创新之处主要体现在以下几个方面。

首先，在服装业财务绩效评价方面，着眼于当前企业财务绩效评价存在的两个不足，运用统计指数的思维和方法进行评价和分析，以期能有所突破。一方面，通过构造反映长期变化的服装业财务绩效指数系统，将原来单一的对“某个时间点”的研究转变为“可持续的长期”研究，改变研究结论的静态性，使其具备动态可比性，以反映服装业财务绩效变化的长期趋势和发展规律，为服装业财务绩效的预测和监控奠基坚实的数据基础。另一方面，将原来的“个体”研究转变为“系统”研究，研究对象不再局限为某一个公司，而是以服装行业所有上市公司作为一个整体，研究绩效的指标也不再局限于反映资金回报率的单一指标或某类指标，而是从盈利能力、偿债能力、周转能力和发展能力多个维度反映服装业综合财务绩效状况，以期更客观地反映行业整体财务绩效的平均波动情况，这样既便于企业利益相关者了解行业绩效的整体发展水平，又方便具体企业与行业整体绩效状况做对比分析，找出差距。

其次，在影响服装业财务绩效指数波动的动因研究方面，分别从宏观经济层面、中观产业层面、微观企业层面寻找影响因素，运用计量经济学模型，辅以多种统计分析方法，进行立体化、全方位的探究。这有助于拓宽绩效评价和绩效管理的研究空间，破解学界重视绩效评价方法而轻视影响因素的量化分析，引导人们在思考企业财务绩效波动时，不要仅局限于从企业自身找原因，要善于观察宏观环境和产业环境的变化对企业深层次的影响。毕竟，企业财务绩效状况是企业所处的宏观和产业大环境以及企业自身的小环境共同影响的结果。本书运用多种量化分析方法，重点分析了外部环境因素和内部环境因素对服装业财务绩效波动的影响方式和影响程度，环境因素变量与服装业财务绩效指数变量之间存在的互动关系与变化规律。

最后，在研究影响服装业财务绩效指数波动的企业自身因素方面，引入企业战略差异程度这一概念进行分析，并运用 Tobit 多元回归分析模型，分析了企业战略差异程度与企业财务绩效波动程度之间的动态关联关系，研究表明，企业战略差异程度越大，企业财务绩效指数偏离行业财务绩效指数的程度越大。本文还运用 Kruskal-Waillis 与 Median 非参数检验法，对影响企业财务绩效指数波动的具体战略要素进行了分析，研究了绩优组、正常组、绩差组三个不同的企业财务绩效波动组之间，在投融资及经营战略上的路径选择差异，揭示了新常态下影响企业财务绩效波动差异的关键性企业战略决策因素。

第二章 相关理论综述

第一节　指数编制理论综述

指数是反映国民经济动态变化的基本指标，在官方统计和经济分析中处于主导地位（邱东等，2008）。从反映的对象来看，统计指数包括经济指标以及有关人口、健康、住房、环境、社会安全、人民生活及社会福利等相关方面的指数；从所反映现象的特征出发，统计指数分为数量指标指数和质量指标指数；从统计指数的编制和评价方法来看，统计指数包括综合法指数、平均法指数。

通过综合法或平均法编制总指数的优点在于反映的信息比较直观、易于理解，并且方便纵向比较。同时，单一的价值指标的权重设定具有较强的客观性。因此，许多反映宏观经济运行状况的指数都采用综合法或平均法编制，如消费价格指数（CPI）、生产价格指数（PPI）、证券市场股票价格指数等。

我国目前由国家统计局公布的经济指标中，反映微观经济体整体经营景气状况的指数包括：企业景气指数和制造业采购经理人指数。这两个指数主要采用问卷调查的方法，将调查数据运用平均法指数进行加权平均获得。学术界近年来利用上市公司披露的信息，积极探索并尝试编制反映企业某方面状况或能力的指数。比较典型的包括南开大学公司治理中心编制的“中国上市公司治理指数”，北京师范大学公司治理与企业发展研究中心编制的“中国上市公司高管薪酬指数”及“中国上市公司信息披露指数”，厦门大学内部控制指数课题组编制的“上市公司内部控制指数”，北京工商大学会计投资者保护中心编制的“中国上市公司会计投资者保护指数”等。这些指数的共同特点是：利用中国上市公司公开披露的信息，采用多指标综合评价方法，利用主观赋权的办法合成指数，以综合反映企业某一方面的状况。这些指数的编制可以为监管机构评价政策效果以及指导相应的监管政策制定提供参考，但并不能发挥产业经济运行“晴雨表”的作用，也不能为企业科学决策提供“指南针”的作用。

第二节 财务分析理论综述

财务分析理论能帮助利益相关者了解企业过去、评价企业现在、预测企业未来，从而为科学决策提供财务信息支持。下面分别从财务分析的定义、发展历程及财务评价方法等方面梳理与财务绩效指数构建相关的理论渊源。

一、财务分析的内涵界定

关于财务分析，理论界有不同的定义。Palepu（2004）认为，传统意义下的财务分析即是财务报表分析，是指利用财务报表及与之有关的其他数据资料，通过计算财务指标，系统分析和评价企业的过去和现在的经营成果、财务状况及其变动，为财务决策、财务诊断、咨询、评估、监督及控制提供所需的财务信息。Leopold（1998）认为财务分析是一种判断过程，旨在评估企业现在或过去的财务状况及经营成果。国内这一领域的代表人物张先治（2005）认为，财务分析是以会计核算和报表资料及其他相关资料为依据，采用一系列专门的分析技术和方法，对企业等经济组织过去和现在有关筹资、投资、经营活动的偿债能力、盈利能力和营运能力状况等进行分析与评价，为企业的投资者、债权者、经营者等了解企业过去、评价企业现状、预测企业未来，做出正确决策、提供准确信息或依据的经济应用学科。尽管表述不同，但是对财务分析内涵及目的的理解都是一致的。

财务分析的基础是会计报表，因此，财务分析的产生与发展必然是与会计技术或会计报表的发展相适应。随着经济发展及人们对会计信息需求的不断提高，会计技术不断发展、会计报表不断完善，财务分析的内容与技术也得以不断发展。

二、财务分析的起源及演化历程

（一）外部信用分析阶段

财务分析最初起源于信用评价，大概在19世纪末，美国银行家出于对信贷安全的考虑，开始要求使用企业资产负债表作为评价贷款是否延期的基础。随后，美国银行家亚历山大·沃尔首次创立了比率分析体系，但当时，沃尔的比率分析体系仅限于“信用分析”，所用的财务比率也只有流动比率指标。所以信用分析又称作资产负债表分析，主要用于分析企业的流动资金状况、负债状况和资金周转状况等。

（二）外部投资分析阶段

到了20世纪20年代，随着资本市场的形成，财务分析由主要为贷款银行服务扩展到为投资人服务。财务分析由信用分析阶段进入了投资分析阶段，其主要任务也从稳定性分析过渡到收益性分析。这时，财务分析涵盖了偿债能力、盈利能力、筹资结构、利润分配等分析内容，已发展成为较为完善的外部财务分析体系。值得注意的是，由稳定性分析变为收益性分析，并不是后者对前者的否定，而是以后者为中心的两者并存。

（三）内部全面分析阶段

在企业财务报表分析的开始阶段，企业财务报表分析只是用于外部分析，即企业外部利益相关者根据各自的要求进行分析。后来，企业在接受银行的分析与咨询过程中，逐渐认识到财务报表分析的重要性，开始由被动地接受分析逐步转变为主动地进行自我分析。尤其是在第二次世界大战以后，企业规模不断扩大，经营活动日趋复杂。企业为了在激烈的市场竞争中求生存、图发展，不得不借助于财务报表所提供的有关资料进行“资讯导向”“目标管理”“利润规划”及“前景预测”。这些都说明，企业财务报表分析开始由外部分析向内部分析拓展，并表现出三个显著特征：一是内部分析不断扩大和深化，成为财务报表分析的重心；二是分析所需和所用的资料非常丰富，为扩大分析领域、提高分析效果、发展分析技术提供了前提条件；三是财务分析的目标不再停留在稳定性分析和收益性分析层面，而是向更高的层级发展。未来的发展趋势是探究财务报表信息与企业管理、宏观经济运行之间的内在联系并揭示其变化规律，为企业内外部利益相关者的智能决策提供数据支持。

从财务分析学科的发展变化历程来看，经济越发展，人们对会计信息的需求广度和深度都在提高。毕竟，企业财务状况的好坏，是企业各种管理活动（包括战略管理、人力资源管理、运营管理、营销管理以及公司治理等方面）以及企业所处的环境（国家和产业层面宏观经济调控）共同影响的结果。因此在很大程度上，企业经营管理活动以及宏观经济波动情况都可以通过财务分析加以透视。

三、财务分析方法综述

（一）水平趋势分析法

趋势分析法是将企业连续几个期间的财务报表数据进行对比，以查看相关项目变动情况，得出企业财务状况和经营成果变化趋势的一种分析方法。

趋势分析法有助于预测企业未来的财务状况和经营成果。趋势分析往往将连续几期的财务数据并列排列，在对某一项目进行分析时，眼睛左右地水平移动，因而又被称作水平分析。在趋势分析中，常见的技术有以下两种。

1. 环比分析

环比分析就是计算相关项目相邻两期的变动百分比，即某项目分析期的数值相对于前期数值的变动百分比。这种分析不仅可以看出相关项目变动的方向，还可以看出其变动的幅度。环比变动百分比的计算公式为：

环比变动百分比 = 某项目分析期数值 / 某项目前一期数值 ×100% −1

在环比分析中需要注意，如果前期的项目数值为零或负数，则无法计算出有意义的变动百分比。

2. 定基分析

定基分析就是选定一个固定的期间作为基期，计算各分析期的相关项目与基期相比的百分比。这种分析不仅能看出相邻两期的变动方向和幅度，还可以看出一个较长期间内的总体变动趋势，便于进行较长期间的趋势分析。定基变动百分比的计算公式为：

定基变动百分比 = 某项目分析期数值 / 某项目基期数值 ×100% −1

定基分析中，基期的选择非常重要，因为基期是所有期间的参照。选择基期时，不要选择项目数值为零或负数的期间，否则无法计算出有意义的变动百分比；最好选择一个企业状况比较正常的年份作为基期，否则得出的定基变动百分比就不具有典型意义。另外，通常选择时间序列中较早的年份作为基期，这样便于分析整个时间序列中各项目的发展态势。

（二）结构分析法

结构分析法是将相关项目金额与同期相应的合计金额、总计金额或特定项目金额进行对比，以查看相关项目的结构百分比，得出企业各项结构的一种分析方法。由于结构分析时往往是对纵向排列的各项目计算比重，分析时眼睛上下地垂直移动，因而又被称作垂直分析。

结构分析法通常运用在会计报表的分析中。在对会计报表进行结构分析时，各个报表项目以结构百分比列示。这种以各项目的结构百分比列示的会计报表被称为结构百分比会计报表，或共同比财务报表。

在进行结构百分比资产负债表分析时，报表左端通常将资产总计金额设定为100%，分别计算各个资产项目占总资产的比重，以反映各项资产在总资产中的结构百分比；报表右端通常将负债和所有者权益总计金额（即总权益）设定为100%，分别计算各个负债项目和所有者权益项目占总权益的比重，以反映各项负债和所有者权益在总权益中的结构百分比。在进行结构百分比利润表分析时，由于主营业务收入的水平最能体现企业的营业规模，且对各项收入、费用和利润都有一定的影响，因而通常将主营业务收入设定为100%，分别计算各项收入、费用和利润占主营业务收入的结构百分比。

共同比财务报表对公司间的比较尤为重要，它可以把不同公司的财务报表改为共同比形式。把一家公司的共同比报表与主要竞争对手或行业平均的共同比报表进行比较，能突出项目构成及分布上的差异，查明产生这类差异的原因。结构分析法是研究企业财务状况质量的重要分析方法，如果将结构分析法和趋势分析法结合在一起用，还能深入理解和评价企业财务状况的质量及发展变化趋势。

（三）报表项目质量分析法

报表项目质量分析法主要是通过对财务报表的各组成项目金额、性质的分析，还原企业对应的实际经营活动和理财活动，并根据各项目自身特征和管理要求，在结合企业具体经营环境和经营战略的基础上对各项目的具体质量进行评价，进而对企业的整体财务状况质量做出判断。在这种方法下，财务报表分析可以包括资产质量分析、资本结构质量分析、利润质量分析以及现金流量质量分析，最终上升到财务状况整体质量分析。该方法在运用过程中应结合其他非财务相关信息，最大限度地挖掘财务比率背后的企业财务状况的实际质量。

第三节　财务绩效研究综述

一、财务绩效的概念阐述

“财务绩效评价，则是指应用财务的指标方法对绩效进行科学适宜的评价”（舒晓惠，2005）。相关文献中对企业财务绩效的确切定义并不多见，该论文归纳了国家出台的相关文件，以及一些机构和专家学者对财务绩效的探讨研究，对财务绩效的相关理论有如下总结：

《企业财务通则》明确指出工商营业业绩评估指标具体是由哪些要素构成的。该篇通则提出资产负债率、流动比率、速动比率、应收账款周转率、存货周转率、资本金利润率、销售利税率、成本费用利润率等九大要素。同时也通过企业债务承担能力、公司经营运转能力和收益方面相结合对企业绩效进行仔细的评估。财政部最新颁布法令，对企业绩效考核方面进行规范性指导，为了更好地比较公司逐年的经营业绩和公司运转状况，提出了具体的操作评估指标。

同时，国内的证券市场往往也有着一系列评估指标。潘琰、程小可（2000）借鉴财政部与中国证券公司的财务指标方法，提出不能单一看企业发展现状去制定下一阶段发展策略，要制定系统详细多角度涵盖多方的可具体计算衡量的指标。只有这样才有利于正确评价该企业管理绩效。

姚蕾（2016）认为财务绩效指的是“企业针对某段时间内的盈利能力、

经营增长、债务风险以及资产质量进行的评价”。

财务绩效的理论发展至今已经是较为成熟的理论，其评价指标也在不断更新。在此本书认为财务绩效是运用各种财务指标，结合适合的统计工具和方法对企业某段时间的盈利能力、偿债能力以及营运能力进行评价。

二、财务绩效评价方法综述

企业财务绩效评价既是财务分析领域的重要组成部分，是人们读懂财务报表理解企业财务运营状况及发展趋势的重要参考，同时也是财务管理理论的重要内容，是企业财务管理理论在实践中得到应用和推广的桥梁，因此是学术界和实务界最为关注的话题和研究热点。

自 1891 年，美国“科学管理之父”泰勒创立了科学管理理论后，以美国为主的西方国家对绩效管理和绩效评价方法的研究开始逐步深入。经过 100 多年的研究探索，先后出现了沃尔综合评分法、杜邦分析法、经济增加值评价法、平衡计分卡、自由现金流评价法对企业财务绩效评价影响较大的评价方法。随着企业财务绩效评价理论、方法和技术日趋完善和成熟，企业财务绩效评价体系和新的评价方法仍在不断丰富和发展当中。

（一）沃尔综合评分法

对财务状况进行综合评价与监测的先驱者中，影响最大的是亚历山大•沃尔，其代表作是《信用晴雨表研究》和《财务报表比率分析》，沃尔首次提出了信用能力指数的概念。沃尔分析法是把若干个财务比率用线性关系结合起来，并分别给定权重，然后通过与标准比率进行比较，确定各项指标的得分及总得分，以此评价企业的信用水平。沃尔评分法在我国实践中应用非常广泛，如 1995 年财政部发布的《经济效益评价指标体系》和 1999 年发布的《国有资本金效绩评价规则》都是应用的这一方法思想，不过在评价指标和权重设置上已有很大区别。沃尔评分法的最大不足在于，未能解释各评价指标的选取与权重确定的理由，并且各指标的对比标准值难以客观确定。

（二）杜邦分析法

杜邦分析法是利用几种主要的财务比率之间的内在联系，建立财务分析指标体系，来综合分析企业的财务状况。杜邦分析法是用来评价公司盈利能力和股东权益回报水平的一种经典方法，其基本思想是将企业净资产收益率逐级分解为销售净利率、资产周转率和权益乘数多项财务比率的乘积，进而从销售盈利能力、资产变现速度、资产负债状况等方面深入分析企业经营业绩。杜邦分析图如图 2-1 所示。

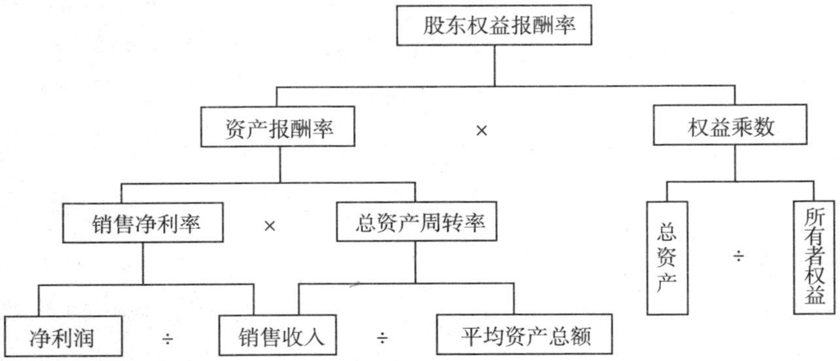

图2-1　杜邦分析图

杜邦分析法揭示了所有者权益与企业销售规模、成本水平、资产营运及资本结构之间的联系，解释了指标变动的原因和变动的趋势，为采取措施指明了方向。杜邦分析法实质就是以净资产收益率这一个指标对财务状况进行总体概述，以建立在会计利润基础上的单一财务指标做财务评价，缺陷是显而易见的，例如，评价指标体系过度注重企业的短期财务状况，评价内容不够全面，有可能造成企业的短期行为，忽视了企业的长期价值；在竞争的市场环境中，无形资产以形成了企业的巨大价值，而杜邦分析并不能对无形资产进行估值；难以长期全面地反映指标波动趋势和变化规律。杜邦分析法与其说是财务绩效评价方法，不如说是一种财务比率分解方法，它能够用于探究指标发生变化的根本原因，但作为财务评价的最终结果则不够全面系统。

（三）经济增加值评价法

由于传统的财务业绩评价指标没有考虑权益性融资成本，因此，美国思腾思特咨询公司（Stern Stewart &Co.）于1982年提出并实施了一套以经济增加值（Economic Value Added，EVA）理念为基础的业绩评价理论。经济增加值是指上市公司在扣除了投资者的机会成本后所创造的价值，它是基于税后营业净利润中提取包括股权和债务所有资金成本后的经济利润，用来衡量企业创造的股东财富的多少。

中国国务院国资委22号令《中央企业负责人经营业绩考核暂行办法》对EVA的计算方法和具体计算步骤有明确的规定。

$$EVA=NOPAT-TC\times WACC$$

其中，EVA是经济增加值；NOPAT是调整后的税后营业净利润；TC是调整后的全部资本成本；WACC是加权平均资本成本率。

$$NOPAT=NP+(IE+REA-NRIA\times 50\%)\times(1-25\%)$$

其中，NP是净利润；IE是利息支出；REA是研究开发费用调整项；NRIA是非经常性收益调整项。

$$TC=AE+ATL+ANICL-ACP$$

其中，AE是平均所有者权益；ATL是平均负债合计；ANICL是平均无息流动负债；ACP是平均在建工程。

WACC本书采用简化处理办法，即统一以5.5%进行处理

作为一种新的业绩评价指标，对传统财务评价体系的突破主要体现在，高度关注企业的资本成本，重视企业真实业绩的评价。当然，EVA本身也存在缺陷，表现为：第一，资本成本是一种机会成本，本身带有很大的主观性，并且目前的计算还缺乏比较规范的流程，无法准确衡量股东必要报酬率始终是个软肋；第二，单一的EVA结果只能反映近期的经营成果，无法有效地揭示企业未来成长能力；第三，EVA是一个绝对总量指标，不便于不同规模的

企业之间的比较。

（四）平衡计分卡

随着经济的不断发展，传统的以财务指标来衡量企业的绩效评价模式已经不能满足企业的管理要求，在20世纪以来企业不断追寻更加有效的管理模式，平衡计分卡是有效的评价方法之一。在20世纪80年代末期，ADI公司就在平常的公司生产中试着运用平衡计分卡，并将平衡计分卡扩展到公司的企业战略管理中，它极大地拓展了业绩评估范围，是按照公司的要求而专门规划一整套指标方法。平衡计分卡主要从四大维度即企业客户、财务、学习与成长，内部运营等对企业绩效管理情况进行了分析。该方法把组织策略较好地转化成了具体的目标值与业务指标。其中，在财务维度上，其目的主要是为了妥善处理“股东如何对待下属”以及“未来企业的运营达到什么标准才可以让高层领导满意”问题，针对这两个角度的内容分析，能够分析出未来企业盈利与否，因此，在很大程度上是财务指标的重要起点和标志；顾客方面：其目标是解决“顾客如何看待我”和“我们必须用什么来服务客户来使我们获利”，从客户的视角来观察企业，从客户与企业开始接触到交易完成所需要的时间、企业的服务质量、客户是否满意来考虑企业的市场占有度；内部运营维度：主要是为了了解企业具备什么优势和如何更好地满足客户和股东等问题。对此层次，更加注重对顾客的满意度以及对企业财务影响最大的因素。内部运营指标既包括短期的现有业务的改善，又涉及长远的产品和服务的革新。最后是学习与成长维度：此维度主要是为了处理怎样提升自我能力和为更好地满足顾客和股东的需要，我们需要拥有哪些本领。组织学习与成长包括三大来源，即成熟的企业流程，健全的方法制度，完备的人才队伍。所以，企业一定要重视员工培训和提升职员的个人素养，同时还要强化信息技术以及组织系统体制，更好地使企业系统正常运营。对于平衡计分卡而言，各个层面并不是相互独立运营的，这四个层面之间的关系都十分密切，环环相扣。在这四个层面当中，学习和成长层面是其他层面的基础，通过提升效率培养知识，很大程度上可以提升员工的知识以及专业技术，进而提升企业的转换效率，使得企业产品生产速度得到大幅度提升，同时，客户满足度提升的表现形式是反映在财务指标上。图 2-2 为平衡计分卡的理论图。

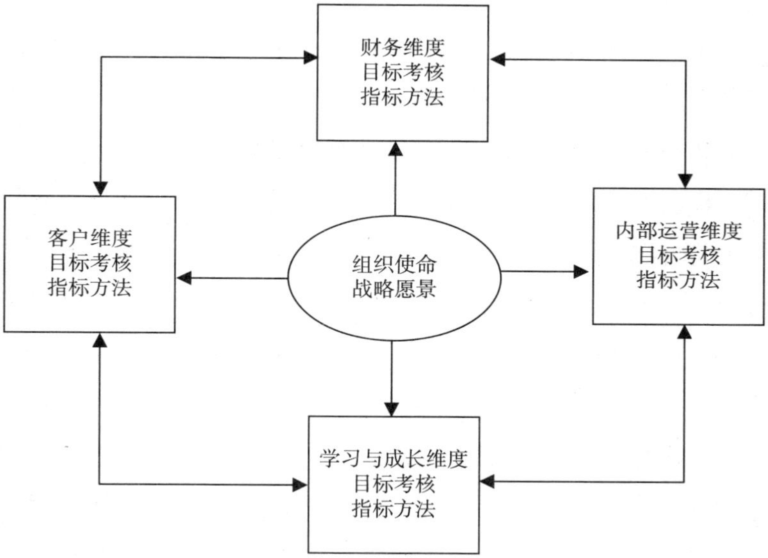

图2-2 平衡计分卡的理论图

（五）自由现金流评价法

自由现金流（Free Cash Flow）作为一种企业价值评估的新概念、理论、方法和体系，最早是由詹森（Jensen）等学者于 20 世纪 80 年代提出的，经历 20 多年的发展，特别在以美国安然、世通公司等为代表的通过粉饰报表的手段打造的绩优公司纷纷破产之后，自由现金流成为企业价值评估领域使用最广泛、理论最健全的指标，美国证监会更是要求公司年报中必须披露这一指标。自由现金流是一种财务分析方法，用来衡量企业实际持有的能够回报股东的现金，具体计算是：

自由现金流量 =（税后净营业利润 + 折旧及摊销）-（资本支出 + 营运资本增加）

自由现金流量法估价的基石是未来的自由现金流量和折现率，但它的使用要有一定的假设：公司在被估价时有正的现金流，并且未来的现金流可以较可靠地加以估计，同时，又能确定恰当的折现率，那么就适合运用自由现金流量折现法。但现实情况与模型的假设条件往往大相径庭，特别是对于陷入财务困境的公司，自由现金流量运用存在很大局限性。

（六）基于多元统计分析的财务绩效综合评价法

杜邦分析法、沃尔综合评价法等方法是财务绩效评价领域较有代表性的几种财务评价方法。而在学术界，随着学科交流的广泛兴起，统计学中丰富的综合评价方法也被普遍应用于企业财务评价领域，比如，主成分分析法、因子分析法、灰色系统、神经网络等，特别是由于数据的可得性，针对上市公司开展的财务评价研究取得了丰富的成果。中国早期的研究成果主要集中在财务评价方法的创新上。例如：葛文雷（1999）以沪市 1997 年 372 家上市公司年报为研究样本，选取了 20 个财务指标，运用因子分析法对上市公司进行了业绩评价排名。王光明等（1999）选取 12 个指标，采用主成分分析法对我国商业企业的综合实力进行了评估与排序。黎继子等（1999）基于人工神经网络的基本原理，对我国 36 家制造业上市公司建立了上市公司财务评价神经网络模型。徐国祥（2000）分别从主观与客观方法入手，探讨了上市公司业绩综合评价的指标选取与指标赋权等问题，并进行了相应的实证分析。彭家生（2000）讨论了灰色系统理论应用于企业财务评价的静态和动态模型。毛定祥（2000）首次提出了上市公司动态复合财务系数，应用主成分分析和理想点法，对我国机械类上市公司进行了动态综合评价。刘飞，张广盈（2005）对样本数据建立有效的固定影响变系数的模型，利用模型得到评价系数，然后再使用静态综合评价方法中的变异系数总指数法来进行综合评价。此后，更多的学者在研究财务评价的过程中，会进一步探讨企业财务状况分类、财务危机预警等问题，形成财务评价与财务危机预警交叉研究的新领域。

（七）基于财务经济视角的财务绩效评价方法

早在20世纪80年代，会计学术界的老前辈们（杨纪婉、阎达五，1982、1984、1985、1988）就从理论上探讨并阐明了会计具有服务微观决策与宏观管理的双重职能。21世纪以来，伴随着中国企业财务分析与财务管控技术的深入发展，利用财务数据及其相关资料构建服务于产业经济和宏观经济研究的财务经济学有了实质性的推进。

赵德武（2000）初创性地提出基于指数平均加权法编制财务经济指数对企业财务经济进行监测与预警。其基本原理是通过监测财务经济运行过程，识别其所处的景气状态并预测财务经济运行过程可能的发展动向。此后，国内学者开始探索运用宏观景气监测理论构建财务状况景气度的可行性和实践应用。陈磊（2004）在实证分析企业景气问卷调查结果的基础之上，分别建立了各景气调查指标的扩散指数（DI）和综合衡量企业景气状况变动的合成指数（CI）。然而，由于企业景气调查是基于企业家对企业运营情况和宏观经济发展态势做出的经验判断，虽然能够较为全面地提供反映企业景气状况的丰富信息，但人为的判断主观性较大。王恩德、高铁梅等（2006）运用数据仓库技术对数据进行了处理，参照陈磊（2004）的景气指数法，专门针对中小工业企业，构建了反映其经营状况的经济指数，研究财务指标在产业经济领域中的应用价值。在此基础之上，张友棠、张勇（2006）进一步细分了财务景气状况系统，分别从行业环境及内部控制风险评估系统、财务景气监测系统和财务景气预警系统三个层面进行全面系统的分析，旨在更好地指导产业经济运行。此外张友棠、冯自钦、杨轶（2008）借鉴波士顿咨询集团业务组合矩阵的思想，采用指数预警矩阵的方法对财务景气指数进行定量化分析，以达到对财务状况景气度的监控和预警的目的。类似地，闵剑（2013）将战略地位与行动评价矩阵引入跨国投资风险监测系统中，通过对风险指数多维度的探讨分析，将矩阵思想引入财务绩效及风险管理领域做出了非常有益的尝试。

上述这些文献主要是借鉴经济景气指数中的扩散指数或合成指数思想，来研究财务绩效景气状况的。实践中，由于扩散指数在监测管理程度方面的不足，逐渐被合成指数所取代。当然合成指数也有其自身的缺陷，这种缺陷表现为难以识别景气状况转折点上各因素之间的相互关联程度（黎春 2000）并且编制过程烦琐难以广泛运用。鉴于经济景气指数构建财务绩效状况指数的种种弊端，中国学术界在 2010 年以后开始利用加权统计指数思想，从多个财务维度展开探索性研究。王化成、陆凌、张昕、张伟华（2012）以要素分配理论为依据，以数理统计方法为工具，利用企业会计信息编制了一套三位一体的会计指数体系，包括综合反映企业经营对宏观经济综合贡献的价值创造会计指数、评价一个行业内企业整体运行情况的行业评价会计指数、分析单一企业股票投资价值的企业投资价值会计指数。赵德武、马永强、黎春（2005、2012）以我国 280 家上市公司为研究对象，通过合理选取财务指标、定量和定性相结合的科学赋权，建立了由盈利能力、偿债能力、营运能力、成长能力和现金能力等五个维度构成的中国上市公司财务指数系统，以综合、动态地反映我国上市公司整体财务运行态势。马永强、朱玲芳（2013）在赵德武、黎春（2012）研究基础上，重点研究了偿债指数、盈利指数、现金指数、营运指数和成长指数五种类别财务指数的关系，并分析了由五种类别财务指数构成的综合财务指数与宏观经济波动之间的相关关系，拓宽了财务指数的应用领域。王保平（2015）以县域经济为研究对象，从偿债能力质量、盈利能力质量、营运活力质量、发展能力质量四个方面，利用一阶差分计算统计指数的思路，编制了富阳县 2009 ～ 2011 年 3 年间的综合财务指数，从产业和地域交叉来分析 2008 年金融危机对富阳县域经济的影响。可以预见，围绕企业会计数据构筑宏观层面综合财务绩效指数的研究将在未来兴起一个高潮。

三、财务绩效影响因素研究综述

影响公司财务绩效的因素众多，既包括市场形势、金融环境、国家经济政策等宏观因素，也包括股权结构、资本结构等微观因素，这些影响因素中既有像企业文化、管理者素质等难以量化的因素，也有像企业规模、研发支出、高管薪酬等可以量化的因素。国内外学者高度关注从微观层面探究公司绩效及其影响因素的关联关系，在股权结构、资本结构等领域对公司财务绩效的影响方面取得了丰硕的研究成果。

（一）股权结构与公司绩效关系的研究

Berle 和 Means（1932）在其经典著作《现代公司与私人财产》中指出，分散的股权结构会导致股东缺乏足够的能力和意愿去监督经营者，从而就破坏了公司利润最大化对资源配置的指导作用，进而影响公司绩效，使股东利益受到损害。这一观点引起了学术界的注意，越来越多的学者对二者之间的关系进行了研究，但至今尚无一致的结论。

股权结构与公司绩效有关论。Pederson 和 Thomsen（1999）以欧洲 12 国 435 家大公司为样本，应用联立方程模型考察股权结构与绩效的关系，认为内部人持股比例与公司净资产收益率显著正相关。Mcconnen.J 与 Servaes(1990）对美国纽约证券交易所 1976 年的 1173 家样本公司以及 1986 年的 1093 家样本公司的托宾 Q 与股权结构关系进行了实证分析，结果表明：内部人持股比例与托宾 Q 呈倒 U 型关系，机构投资者持股比例与托宾 Q 呈正相关关系。陈小悦和徐晓东（2001）以深交所 1996 ～ 1999 年非金融类上市公司为样本，研究股权结构与公司绩效之间的关系，结论是，第一大股东持股比例与公司业绩正相关。毛道维（2010）以沪深两市 1135 个 A 股公司为样本，分析股权结构与绩效的关系，结论是，第一大股东持股比例与企业绩效负相关，第一大股东持股比例越低，股权越分散，企业绩效越好，而股权制衡度与企业绩效正相关，股权制衡度越高，企业绩效越好。孙永祥、黄祖辉（1999）以深沪两市的503家A股公司为样本，运用一元二次回归模型分析股权结构与绩效（托宾Q）的关系，结果表明，第一大股东持股比例与公司绩效呈倒U型关系，在第一大股东持股比例达到50%之前，二者呈正相关关系，达到50%以后，二者呈负相关关系。

股权结构与公司绩效无关论。Demsetz和Lehn（1985）以美国1980年511家上市公司为样本，运用单方程最小二乘回归模型研究会计利润率与股权集中度指标的关系，结果表明，前五大股东持股比例、前二十股东持股比例与会计利润率均不存在显著的相关关系。Holderness和Sheehan（1988）对股权非常分散的上市公司与拥有绝对控股股东的上市公司的经营业绩进行比较分析，结果表明无论是它们的会计利润率还是托宾Q之间都没有显著的差别，因而得出公司股权结构与公司绩效之间无相关关系的结论。朱武祥、宋勇（2001）以沪深两市21家家电公司为样本，基于1994～2001年面板数据，运用随机影响模型分析股权结构与公司价值的关系，结论是：在竞争比较激烈的家电行业，国有股比例、法人股比例、流通股比例与公司价值（市净率）无显著相关性，前五大股东持股比例、前十大股东持股比例、赫菲达尔指数与公司价值关系不显著。

综上所述，有关股权结构与公司绩效相关关系的研究尚未形成统一结论。两者之间的关系是正相关、负相关、曲线相关还是无关，并没有明确的观点，结论反差很大。这从一个侧面也说明了股权结构并非影响公司财务绩效的独立、外生因素，还需要从宏观层面积极探索公司股权结构与公司财务绩效更为复杂的关联关系。

（二）资本结构与公司绩效关系的研究

资本结构是指在企业资本总额中各种资本的构成比例，最基本的资本结构是债务资本和权益资本的比例。有关资本结构与公司绩效关系问题的研究，一直是理论界和实务界研究的重点课题，国内外专家学者做了大量探索性工作，但尚未得出一致性的结论。

资本结构与公司绩效呈正相关关系。洪锡熙和沈艺峰（2000）以沪市的221家公司为样本，基于1995～1997年的有关数据，得出公司的资本结构与盈利能力呈正相关关系。王娟和杨凤林（2002）以沪深两市845家公司为样本，以资本结构（资产负债率）为被解释变量，盈利能力（净资产收益率）为解释变量，基于1999～2000年的数据，运用回归模型分析二者关系，得出二者呈正相关关系。李庚寅、阳玲（2010）以2004年在中小企业板上市的38家公司为样本，采用描述性统计分析方法，分析了样本公司上市前后的资本结构和盈利能力，然后基于2001～2007年样本公司总体数据，分别对上市前（2001～2003年）和上市后（2004～2007年）的样本数据作面板模型实证，得出资产负债率与企业盈利能力正相关的结论。

资本结构与公司绩效呈负相关关系。冯根福等（2000）以沪深两市1995年之前上市只发行A股的234家公司为样本，基于1996～1999年的数据，以资产负债率、短期负债比率为被解释变量，以盈利能力、资产结构、企业规模等指标为解释变量，进行多元线性回归分析的结果表明，资产负债率、短期负债比率与公司的盈利能力呈显著的负相关关系。张兆国、何威风、梁志钢（2007）以沪深两市1116家公司为样本（其中，国有控股公司829家，民营上市公司287家）基于2000～2004年的有关数据，以盈利能力（总资产主营业利润率）为被解释变量，资本结构（资产负债率、流动负债比例、长期借款比例）为解释变量，进行多元线性回归分析，结果表明，资产负债率与全部样本公司绩效负相关，对国有控股公司绩效的影响效果要好于民营上市公司，流动负债比例、长期借款比例与全部样本公司绩效及国有控股上公司绩效和民营上公司绩效均呈负相关关系，且无差异性。

资本结构与公司绩效呈曲线相关关系。龙莹、张世银（2005）以1999年12月31日之前上市的28家电力公司为样本，基于2000～2004年相关财务数据，运用面板数据模型来研究资本结构与绩效（净资产收益率）间的相互关系，得出了二者呈倒U型关系的结论，即在资产负债率达到临界点（50%）以前二者是正相关关系，过了临界点二者是负相关关系。宋力、张兵兵（2010）以在2004～2007年持续经营的辽宁省国有控股公司为样本，以总资产报酬率为被解释变量、资产负债率为解释变量，采用面板数据回归分析与截面数据回归分析相结合的方法研究资本结构对公司绩效的影响；结论是，当0< 资产负债率 <40% 时，资本结构与公司绩效正相关；当资产负债率 >40% 时，资本结构与公司绩效负相关。

综上所述，由于研究样本、绩效衡量指标的差异、研究方法的差异，资本结构与公司绩效之间究竟是正相关关系、负相关关系还是曲线相关关系，到目前为止还没有定论，但通过这些结论看似矛盾的文献，我们可以看到，资本结构并不是独立地影响公司财务绩效的因素，它是通过融资成本、投资品的消费需求来联合影响公司财务绩效的，产品市场和资本市场的波动会给不同融资结构的企业带来不同的收益，因此不能孤立地看待资本结构对公司财务绩效的影响。

第四节　本章小结

本章重点梳理了与本书研究密切相关的理论和方法。具体包括：指数编制理论、财务分析理论及财务分析方法、财务绩效评价及影响因素相关的财务绩效研究理论。前人的这些研究工作为本书研究服装业财务绩效指数及动因分析工作提供了坚实的理论基础。

第三章
服装业财务绩效指数的编制

结合前人的研究成果，以服装业上市公司为样本，研究服装业财务绩效指数的编制方案，重点包括财务指数编制方法、样本选择与基期确定、财务绩效指数体系的指标选择、权重设置等问题，最后会生成服装业财务绩效指数。

第一节　服装业财务绩效指数编制方法的设定

一、常用的统计指数编制方法

（一）加权综合法指数

加权综合法指数是将不可同度量的经济变量通过另一个相关的变量转换成可直接相加的总量指标，这一相关变量又称作同度量因素，既有同一尺度的作用也有权数的作用，然后借助加总的总量指标对比结果来说明复杂现象综合变动的一种指数编制方法。加权综合法指数的基本计算形式：

质量指标指数：$\overline{K_p}=\dfrac{\sum p_1 q}{\sum p_0 q}$

数量指标指数：$\overline{K_q}=\dfrac{\sum q_1 p}{\sum q_0 p}$

可见，总量指标的变动不仅包含了所研究指标（又称作指数化指标）的变动，还包括了同度量因素的变动部分，因此需要将同度量因素的所属时期固定下来。将同度量因素固定在哪个时期，理论界有不同的看法，由此形成了实践中最广泛使用的拉氏指数和派氏指数。

拉氏指数是德国经济学家埃蒂恩・拉斯贝尔提出的，故称作拉氏指数。该指数的特点就是将同度量因素的时期固定在基期。

拉氏质量指标指数：$\overline{K_p}=\dfrac{\sum p_1 q_0}{\sum p_0 q_0}$

派氏指数是德国经济学家哈曼·派许在 1874 年提出的，故称派氏指数。该指数是将同度量因素固定在报告期。

派氏质量指标指数：$\overline{K_p} = \frac{\sum p_1 q_1}{\sum p_0 q_1}$

加权综合法指数借助总量指标对比结果来说明复杂现象的综合变动，是假定同度量因素不随基期或报告期的变动而变动，而在现实中是不符合实际情况的，因此不论是哪一种指数形式，其计算结果都带有近似性质。就同一样本资料计算，由于权数的不同，拉氏指数和派氏指数得到的结果是有差异的，通过比较分析可得，拉氏指数更偏重单纯反映指数化指标的综合变动，而派氏指数结果则包含了同度量因素与指数化指标的共变部分，但是现实经济意义却好于拉氏指数。在实践中究竟采用哪一种指数形式，需要根据不同的研究对象、目的以及资料取得的难易程度来决定。从经验看，也为形成一套可用于因素分析的指数体系，理论界与实务界更多地以拉氏指数作为数量指标指数的编制形式，以派氏指数作为质量指标指数的编制形式。

（二）其他加权综合法指数

我们看到综合法指数有两大基本形式——拉氏指数和派氏指数，由于同度量因素固定时期的不同，结果通常存在差异，并且其结果也各具特点。为了调和二者的差异，经济学家和统计学家试图对二者计算公式进行改造，形成了一些其他加权综合法指数的编制方法。

1. 阿瑟杨格指数

英国经济学家杨格（Young）提出以同度量因素的若干时期平均量或常态时期的实际量作为权数，其公式为：

$$\overline{K_p} = \frac{\sum p_1 \frac{\sum q}{n}}{\sum p_0 \frac{\sum q}{n}}$$

$\frac{\sum q}{n}$为 n 个时期 q 的算术平均值。该指数得到一些经济学家的赞同，美国劳工统计局曾将此用于编制批发物价指数。

2. 马埃指数

该公式先后由英国经济学家马歇尔和统计学家埃奇沃斯于 1887 ～ 1890 年间提出，通常称为“马歇尔—埃奇沃斯指数”，简称马埃指数。它是对拉氏指数和派氏指数的权数（同度量因素）进行平均的结果，公式为：

$$\overline{K_p}=\frac{\sum p_1\frac{(q_1+q_0)}{2}}{\sum p_0\frac{(q_1+q_0)}{2}}=\frac{\sum p_1q_0+\sum p_1q_1}{\sum p_0q_0+\sum p_0q_1}$$

按照马埃指数计算的结果会介于拉氏指数和派氏指数的计算结果之间，它是对拉氏指数和派氏指数的权偏误的修正方法之一，但却失去了二者的经济意义。

3. 理想指数

该公式由美国经济学家沃尔什和庇古等人于 1901 ～ 1902 年先后提出，它是对拉氏指数和派氏指数求简单几何平均，公式如下：

$$\overline{K_p}=\sqrt{\frac{\sum p_1q_0}{\sum p_0q_0}\times\frac{\sum p_1q_1}{\sum p_0q_1}}$$

著名经济学家、统计学家费雪在他出版的《货币购买》一书中，对指数计算方法加以论述，认为拉氏指数和派氏指数均在偏误，并且偏误的方向相反，比如在价格和需求呈负相关的静态经济场合，拉氏指数一般会高估，称为“上偏误”，而派氏指数会低估，称为“下偏误”。于是费雪认为真实的指数应该介于两者之间，因此对其进行几何平均会接近真值。在费雪的著作《统计指数的编制》中，他更系统地总结了各种指数公式的特点，并提出了对指数优劣的三种检验方法——时间互换检验、因子互换检验和循环检验，绝大多数指数公式不能全部通过这三个检验，只有理想指数公式通过了全部检验，因此费雪将该公式命名为“理想指数”。但是理想指数与马埃指数一样，缺乏明确的经济意义。

（三）加权平均法指数

加权综合法指数对数据资料要求较高，需要有详细的质量指标和数量指标的报告期与基期的数据，因此在实践中又常采用加权平均法指数。加权平均法指数是对个体指数进行加权平均得到的，思想是多个个体的总变动程度是各个个体变动程度的一般水平。

（1）加权算术平均法指数：$\overline{K_p} = \dfrac{\sum \dfrac{p_1}{p_0} w}{\sum w}$

（2）加权调和平均法指数：$\overline{K_p} = \dfrac{\sum w}{\sum \dfrac{1}{p_1/p_0} w}$

（3）加权几何平均法指数：$\overline{K_p} = \sqrt[\sum w]{\prod \left(\dfrac{p_1}{p_0}\right)^{w}}$

在实践中，由于资料的限制，很多的指数均是采用的平均法指数形式，如我国的消费者价格指数即是采用第（1）种指数编制方法，选择的权重 $w/\Sigma w$ 是居民的消费构成比重，实际编制时是根据上一年城乡居民家庭消费收支调查资料中，居民家庭消费购买的各种代表性商品的消费支出额占全部代表性消费商品支出总额的比重确定的，采用每年调整一次权数，年内各月、各季的权数不变，这样的指数形式避免了每次编制指数权数资料来源的困难。第（3）种加权几何平均法指数，其结果位于算数平均法与调和平均法指数结果之间，具有较好的趋中修匀作用，在数据变动幅度较大情况下使用较好，目前主要是我国人民银行总行编制的批发物价指数采用，而在其他领域应用较少。

二、服装业财务绩效指数编制方法

（一）财务绩效指数的选择原则

财务绩效指数究竟应该选择哪一个编制方法，应根据研究对象的特点来判断。通过以上的分析比较，在指数编制方法选择上，有以下几点原则：

第一，应以加权指数公式为基本形式。加权指数公式结合了各构成个体的重要性和影响力，优于孤立研究指数化指标变化的简单指数法，特别是对于质量指标指数，考虑个体的重要性更具实际意义，因此简单指数法不应该在财务绩效指数编制方法的考虑范围之内。

第二，究竟选择哪一种指数编制方法，应该以有关数据资料的占有情况为基础，占有资料越详细越可以考虑更复杂成熟的编制方法。对于本书的财务指数，由于证券市场信息的公开性，可获取的资料相对系统且详细，为我们选择成熟的指数编制方法提供了良好的基础。

第三，要充分考虑计算结果的经济含义。优良的数学性质与良好的经济意义是个两难的选择，两相比较我们更侧重计算结果的经济意义，因为数学计算公式只是我们进行经济分析的手段与工具，而分析的根本目的还是其结果对现实经济意义的揭示，抛开了其根本目的而片面追求计算公式的完美，会有本末倒置之嫌。如前所述，虽然理想指数或马埃指数从数学性质上说有较好的特性，但是其直观的经济意义却不明确。

第四，要考虑研究对象的多样性问题。一般的统计指数研究对象虽然不可相加但是性质是单一的，如价格指数研究对象是各类商品的价格，产量指数研究对象是各类产品的产量，成本指数研究对象是各类产品的生产成本等，而本文的财务绩效指数研究对象是各上市公司的各个财务能力，由于牵涉到多层次信息，因此在编制过程中更需要考虑数据的可比性。

（二）财务绩效指数编制方法的确定

通过综合法指数和平均法指数的计算过程分析，可以看到以综合法指数形式构造财务绩效指数时，是先对每一时期的所有样本数据汇总后再进行动态比较，而平均法指数的处理方式是先对各财务指标进行动态对比后再汇总。

采用综合法指数形式编制财务绩效指数，从指数的构造形式上来说比较符合经验做法，如股票市场的价格指数、国内生产总值指数等。另一方面，指数的分子分母的意义较为直观便于理解，分别是两个对比时期的财务信息总指标。但在综合法指数编制过程中，需要获取到更多的信息。采用平均法指数形式编制财务指数，其特点是计算简便，构造层次清晰。相对综合法指数来说，在编制过程中不能获取到各时期的财务状况的总体静态信息，而只能直接得到动态对比信息。

另外，采用综合法指数的编制形式，需要对各时期的无量纲化指标值汇总后才能进行动态对比，然而各时期的各指标值的分布是各不相同的，因此各时期的相对水平值也并不具可比性，对这些相对水平值进行动态对比是没有意义的，只能用于横向的内部比较。平均法指数的处理方式是，先对各财务指标动态对比后再汇总，由于是相同指标间动态对比，对比得到的是一个无量纲的相对数，因此不同指标的动态对比相对数就可以直接汇总，而不需要事先对指标进行无量纲化处理，从而也就避免了综合法指数所面临的困境。

由此，通过上述的分析，服装业财务绩效指数的编制最宜采用平均法指数形式进行构造，具体编制模型如图 3-1 所示。

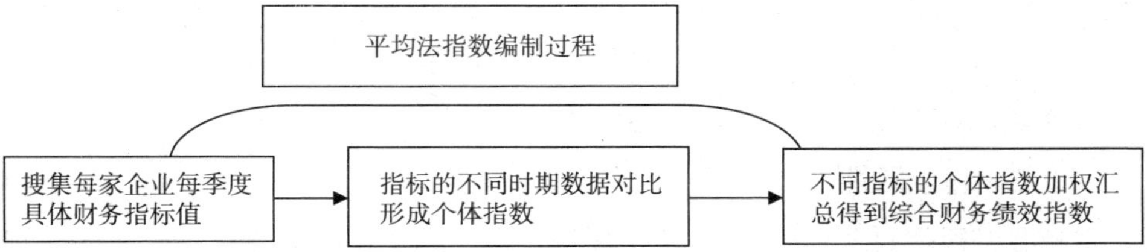

图3-1 基于平均法指数的服装业财务绩效指数编制思路

第二节 服装业财务绩效指数中的财务指标选择

一、服装业财务绩效指数中的财务指标选择原则

构建服装业财务绩效指数指标评价体系，其目的在于长期监控企业各项财务活动的健康状况，并且能够从点（具体企业）——线（某个财务指标）——面（行业发展状况）多个维度揭示服装业的经营绩效，及时发现并量化评估行业潜在的财务风险。因此，财务指标的选择要遵循以下原则：

（一）全面性

财务绩效指数是对上市公司财务状况的综合反映，其所包含的指标应该全面系统，具备高度的概括能力，能反映上市公司整体最本质、最重要的特征。在指标形式上，注重数量指标和质量指标相结合，时期指标和时点指标相结合。数量性数据根据计量层次分，可划分为定性数据和定量数据，而定性数据居于计量层次最低阶段，其数学性质有限，难以进行深入的统计分析。本文构建的服装业财务绩效指数，其编制与应用都是要建立在定量分析的基础之上，因此必须以定量数据为基石。总之，本文所选择的财务指标，其表现应当是数量性的，并且应当是可测的。

（二）可获取性

上市公司的财务信息有很多，包括可被公众公开获取的和仅供内部或相关部门获取的信息。由于上市公司财务指数要能够公开向社会公众发布，具

有广泛性与公正性，因此，作为指数构建所必须的财务指标也必须能够公开并重复收集，才便于广大研究者能够通过同样的方法演绎验证，确保财务绩效指数的公正实用性。因此，基于信息的可获取性及可重复收集性这一原则，本书的数据只能来源于各上市公司公布的各期财务报表。

（三）可比性

服装业财务绩效指数要反映上市公司财务状况的长期走势，因此要求不同时期的财务指标具有可比性。所谓可比性，即要求指标在计算口径、范围和计算方法等方面满足一致性的要求。但是不可避免地，在我国证券市场发展的这十多年里，我国的企业会计准则发生了几次变化，这必然会影响到上市公司各时期财务指标的可比性，本书假设这些变化不足以改变财务状况的基本特征。此外，某些财务指标在不同规模的企业中差异非常大，在不同时期同一家企业中正负变化过于频繁，这就要求我们建立的指标体系应尽量避免出现这一类指标。

（四）灵敏性

不同的指标变化特征，对财务状况变动的反应是有差异的，有的灵敏，有的迟钝。应选择那些能及时捕捉财务运行变动方向且可信度较高的指标来进行监测和预警。

（五）重要性

每一个指标在反映企业某一方面的财务状况，其重要性并不相同，我们选取的指标应该是对于反映企业财务特征有重要地位和重大影响，并被广泛认可关注的这类重要指标，或者说应该选取蕴含了重要财务信息的指标。

（六）代表性

由于各财务活动是相互联系、相互影响的，则各财务指标之间的关系往往也并不相互独立，而是相互联系、相互制约的，故指标间存有一定的可替代性。利用这种关系，选择有较强代表性的指标，可减少工作量，避免重复评价，这也是统计综合评价对指标体系构建的基本要求“广覆盖面与最小集”的具体表现。在财务报表中，会计数字之间存在着相互勾稽平衡，某些财务比率，尽管是反映企业财务属性的不同方面，但是其分子分母却存在着完全相关性，完全可由其中某个比率变换计算形式得到另一个比率，对于这类型比率，适当选择其一纳入财务指标体系即可。

（七）可靠性

财务指标的可靠性直接会影响到我们财务指数的可靠性，也就影响到本文分析研究与结论的可靠性，因此我们选取的财务指标必须具备可靠性。目前，证监会有严格的上市公司信息披露管理办法，这对上市公司公布的财务指标的可靠性有了良好的保障。当然我国证券市场中也出现过一些上市公司不规范操作、虚报、瞒报等事件，此外，企业的盈余管理活动等，也会影响到财务指标的具体表现，但是由于笔者能力有限，本书的研究不在这一方面作讨论，而是假定通过上市公司公开披露的各期财务报表，由此获取的财务信息是建立在真实可靠和充分披露的基础之上的。

二、服装业财务绩效指数中的财务指标选择思路

目前，国内外比较权威的财务绩效评价指标体系有四种，分别是《商业周刊》的上市公司评价指标体系、我国《企业效绩评价操作细则》的财务指标体系、《中国证券报》的上市公司业绩评价指标体系、中联财务顾问公司的上市公司业绩评价指标体系。这些指标体系为本文研究服装业财务绩效指数体系的指标构建提供了有价值的参考依据。

（一）《商业周刊》的上市公司评价指标体系

美国《商业周刊》是全球销量第一的商业类杂志，其发布的"《商业周刊》50强排名"在实务界具有重要的权威性与广泛的影响力。该排名的评价对象是纳入标准普尔指数中上市公司，根据8个指标的综合结果加以排名的。这8个指标分别为：当年的总收益、三年的总收益、当年销售总额的增长率、三年的销售总额增长率、当年的利润增长率、三年的利润增长率、当年的净

利润、当年的净资产收益率。可见《商业周刊》的评价更看重的是收益，关注经济总量以及它的成长性，而对其他方面却较少考虑。

（二）我国《企业效绩评价操作细则》的财务指标体系

财政部曾于年公布了一套企业经济效率评价指标体系。该体系包括——销售利润率、总资产报酬率、资本收益率、资本保值增值率、资产负债率、流动比率、应收账款周转率、存活周转率、社会贡献率、社会积累率。该体系评价方法是：以行业平均值为标准值，根据企业财务报表，分项计算各项指标的实际值，然后加权平均得到综合实际评分。随着国民经济的不断发展，该体系也经历了1997年、1999年两次修正与改革，于1999年6月财政部、国家经贸委、人事部和国家计委联合发布了《国有资本金效绩评价规则》与《国有资本金效绩评价操作细则》等文件，确立了国有资本金绩效评价体系。经过三年实践和不断总结经验，2002年2月财政部、经贸委、中央企业工委、劳动和社会保障部、国家计委又联合颁布了《企业效绩评价操作细则（修订）》。

该评价规则提出的企业效绩评价体系包括：基本指标、修正指标和评议指标三个层次的指标，运用功效系数法计分，指标权重采取专家意见法予以确定，具体评价指标体系如表3-1所示。

表3-1　《企业效绩评价操作细则（修订）》的评价指标体系

评价内容	权数	基本指标		修正指标		评议指标	
		指标	权数	指标	权数	指标	权数
财务效益状况	38	净资产收益率	25	资本保值增值率	12	经营者管理素质	18
		总资产报酬率	13	主营业务利润率	8	产品市场占有率	16
				盈余现金保障倍数	8	基础管理水平	12
				成本费用利润率	10	发展创新能力	14
资产营运状况	18	资产周转率	9	存货周转率	5	经营发展战略	12
		流动资产周转率	9	应收账款周转率	5		
				不良资产比率	8		

续表

评价内容	权数	基本指标		修正指标		评议指标	
		指标	权数	指标	权数	指标	权数
偿债能力状况	20	资产负债率 已获利息倍数	12 8	现金流动负债比率 速动比率	10 10	在岗员工素质 技术装备更新水平 综合社会贡献	10 10 8
发展能力状况	24	销售增长率 资本积累率	12 12	三年资本平均增长率 三年销售平均增长率 技术投入比率	9 8 7		
合计	100		100		100		100

基本指标是评价企业绩效的核心指标，由反映企业财务效益状况、资产营运状况、偿债能力状况、发展能力状况的四类项计量指标构成，用以产生企业绩效评价的初步结果；修正指标用以对基本指标形成的初步评价结果进行修正，以产生较为全面、准确的企业效绩基本评价结果；评议指标是用于对基本指标和修正指标评价形成的评价结果进行定性分析验证，以进一步修正定量评价结果，使企业效绩评价结论更加全面、准确。

可见，《企业绩效评价操作细则（修订）》的评价系统较沃尔评分法，有了很大的进步，内容全面，层次清晰，具有很强的操作性，结果也较客观合理。但是不足之处是，并没有考虑企业的现金流量能力，而这一能力是正确评价企业当前及未来的偿债能力和支付能力，发现企业在财务方面存在的问题，正确评价企业当期及以前各期取得的利润的质量的重要方面；第二，该评价体系中纳入了非计量指标——评议指标，作为对基本指标和修正指标评价结果的补充验证，具有较好的效果，但是这类指标的得分在实际操作中难以保证其客观性与可比性；第三，该评价体系也没有明确说明各指标权重的确定依据；第四，评价指标的参照水平由财政部定期颁布，但是没有具体说明这些对比标准值是如何得到的，而我们知道财务指标是难以明确其最优水平值的。

（三）《中国证券报》的上市公司业绩评价指标体系

自 1996 年起，《中国证券报》与中国诚信证券评估有限公司合作，每年对上市公司的业绩进行综合评价，并出版《中国上市公司基本分析》一书。

其评价方法为综合指数法，选取的指标及权重具体如表3-2所示。

表3-2 中国诚信公司业绩评价财务指标体系

指标	净资产收益率	净资产总额增长率	利润总额增长率	负债比率	流动比率	全部指标化比率
权重	55%	9%	13%	7%	7%	9%

注：$全部指标化比率=\frac{长期借款+短期借款+应付债券}{长期借款+短期借款+应付债券+股东权益}$

显然，该评价指标体系构造相对简单，只包含了个别财务比率，从企业的盈利性、成长性、偿债能力方面进行了考核，每个方面只用一至两个比率来概括，不管是评价的宽度还是深度都还有不足；并且净资产收益率的权重占到一半以上，对评价结果起到绝对影响作用。此外，如何对指标赋权依然未知。

此外，《中国证券报》还与清华大学中国企业研究中心也共同研究开发了上市公司绩效评价体系，对我国上市公司的财务绩效进行综合评价。该体系主要关注上市公司的经营状况和发展能力，同时也考虑上市公司的偿债能力和本年度运营状况改善的效果。具体评价指标及权重如表3-3所示。

表3-3 《中国证券报》和清华大学中国企业研究中心的评价体系

类别	指标	相对权重	绝对权重
盈利能力（40%）	净资产收益率	30%	12%
	净资产经常性收益率	30%	12%
	总资产报酬率	20%	8%
	投入资本经营收益率	20%	8%
偿债能力（20%）	流动比率	20%	4%
	强制性现金支付比率	30%	6%
	现金流动负债比率	30%	6%
	资产负债率	20%	4%

续表

类别	指标	相对权重	绝对权重
成长性（30%）	三年主营业务平均增长率	20%	6%
	三年利润平均增长率	30%	9%
	三年资产平均增长率	20%	6%
	三年资本平均增长率	10%	3%
	销售增长趋势	10%	3%
	利润增长趋势	10%	3%
运营改善效果（10%）	主营业务利润率	10%	1%
	流动资金周转	10%	1%
	总资产周转	30%	3%
	存货周转	30%	3%
	应收账款周转	20%	2%

这一评价指标体系从以上四个方面对企业财务状况进行了充分的考核，但仔细分析可见，同一类别下的财务比率较多，虽然信息丰富却相关性较强，信息重复；并且，该指标体系同样没有考虑企业的现金流量影响的偿债和支付能力两个方面的财务状况。

（四）中联财务顾问公司的上市公司业绩评价指标体系

自2001年起，中联财务顾问有限公司与财政部合作，成立了“中国上市公司业绩评价课题组”，每年出版一本《中国上市公司业绩评价报告》。该评价系统由财务效益状况、资产营运状况、偿债能力状况以及发展能力状况四部分构成，包括基本指标和修正指标两个层次的指标。具体如表3-4所示。

表3-4　中联上市公司业绩评价指标体系

评价指标		基本指标		修正指标	
评价内容	权数	指标	权数	指标	权数
财务效益状况	36	加权平均净资产收益率	22	总资产利润率	10
		主营业务利润率	14	盈利现金保障倍数	7
				股本收益率	7
				规模系数	12

续表

评价指标		基本指标		修正指标	
评价内容	权数	指标	权数	指标	权数
资产营运状况	18	总资产周转率 流动资产周转率	8 10	存货周转率 应收账款周转率	8 10
偿债能力状况	18	资产负债率 现金流动负债比率	10 8	速动比率 有形净值债务比率	10 8
发展能力状况	28	主营业务增长率 资本扩张率	16 12	累计保留盈余率 三年主营业务平均增长率 主营业务鲜明率 主营业务利润增长率	8 6 8 6

可以看到，该评价指标体系主要脱胎于《企业效绩评价操作细则》，其层次安排是一致的，只是对具体的评价指标做了部分调整，并删掉了难以客观计量的“评议指标”。对指标权重的确定依然没有说明。

三、服装业财务绩效指数中的财务指标体系框架

本书构建服装业财务绩效指数所包含的财务指标体系不仅要能够反映企业及行业的财务绩效状况，同时还要能灵敏地捕捉企业及服装产业运行过程中潜在的危机，起到警情动态监控和预报的作用。因此，必须在前人构建的评价指标体系中充分考虑反映财务指标的灵敏性和可获得性。

本书采用专家调查法，通过面谈和问卷等方式访问了这一领域的相关学者及实务工作者。具体调查对象包括纺织服装高校教师、中国纺织信息联合会及中纺网络有限责任公司的相关领导和研究员、北京及江浙等地的部分服装企业财务主管，通过调查和谈论，最终确定了本文要研究的服装业财务绩效指数评价指标体系框架（表 3–5）。为了能直观反映服装业财务绩效波动趋势，本书构建的评价企业财务绩效的所有财务指标均是正向指标，即越大越

好的指标。

表3-5　服装业财务绩效指数中的财务指标体系框架

绩效类别	具体指标	指标代码	指标解释
盈利能力	资产报酬率	R_1	（利润总额＋财务费用）/ 平均资产总额
	净资产收益率	R_2	净利润 / 股东权益平均余额
	营业毛利率	R_3	（营业收入－营业成本）/ 营业收入
	营业利润率	R_4	营业利润 / 营业收入
	营业净利率	R_5	净利润 / 营业收入
周转能力	应收账款周转率	Z_1	营业收入 / 应收账款平均占用额
	存货周转率	Z_2	营业成本 / 存货平均占用额
	流动资产周转率	Z_3	营业收入 / 流动资产平均占用额
	固定资产周转率	Z_4	营业收入 / 固定资产平均净额
	总资产周转率	Z_5	营业收入 / 平均资产总额
偿债能力	流动比率	L_1	流动资产 / 流动负债
	速动比率	L_2	（流动资产－存货）/ 流动负债
	现金比率	L_3	现金及现金等价物期末余额 / 流动负债
	资产权益率	L_4	权益合计 / 资产总计
发展能力	资本保值增值率	D_1	所有者权益合计本期期末值 / 所有者权益合计上年同期期末值
	总资产发展率	D_2	资产总计本期期末值 / 资产总计上年同期期末值
	营业总收入发展率	D_3	净利润本年本期金额 / 净利润上年同期金额

如表3-5所示，本书从盈利能力、偿债能力、周转能力和发展能力四个方面构建了全面反映企业财务绩效的指数分析框架。

盈利能力是指企业赚取收益的能力。通常表现为企业在一定期间内收益额的大小、比例及收益数额的构成。评价盈利的财务指标也可以划分为长期盈利能力分析和短期盈利能力分析。短期盈利能力分析的主要指标是关于经营盈利能力的指标，主要包括营业毛利率、营业净利率、营业利润率。长期盈利能力分析的主要指标包括：资产报酬率、净资产收益率。

周转能力是指充分运用资源创造财富的能力，体现企业的经营绩效。周转能力分析是反映企业资产管理水平和使用效率的一项重要内容，企业强化资产周转管理的主要目的就是加快资产的周转速度，谋求等量资产创造更多的收益。评价企业周转能力分为三个部分，分别是：流动资产周转情况分析、非流动资产周转情况分析、总资产周转情况分析。对流动资产周转情况的分析主要集中于应收账款、存货上面。非流动资产周转情况主要通过固定资产周转率来描述。总资产周转情况通过总资产周转率来描述。

偿债能力主要用来衡量企业偿还到期债务的能力，分为长期偿债能力和短期偿债能力。评价企业短期偿债能力的指标中流动比率这个指标主要用来反映短期偿债能力流动性。速动比率和现金比率，这两个指标在衡量短期偿债能力中主要用于评价其变现性。计算和分析上述这些指标时，还应该考虑影响短期偿债能力的相关因素，包括净流动资产数量、流动资产质量、流动负债结构和企业自身的融资能力。人们进行企业长期偿债能力分析主要关注其投资性和收益性。长期偿债能力衡量的指标主要包括资产负债率。短期偿债能力和长期偿债能力都是对偿还债务能力进行衡量，其内涵一致，从强弱程度上看基本一致，这两者在一定的条件下可以相互转化，两者各自具有其合理的数量界限。但这两者还是存在着偿还期限和对象的不同，并且具有不同的偿还基础。

发展能力又称成长性，是企业通过自身的生产经营活动，用内部积累的资金不断投入而形成的发展潜力。发展能力分析可以从两个角度来进行，其一是企业通过内部充分挖掘潜力促进企业发展；其二是企业通过对外扩大投资的办法来撬动企业的发展能力。发展能力衡量的指标主要包括销售增长率、总资产增长率、资本积累率。为了方便企业及行业发展能力指数的编制，本文采用增长率加 1 的办法转换成发展率来反映企业发展能力的动态变化情况。

第三节 服装业财务绩效指数中的财务指标体系权重设置

在财务绩效指数的生成过程中，需要将多个指标的信息汇总合成，需要对每个指标赋权，权重的大小会直接影响到综合信息值的表现，同时也是该指标重要性的体现。权重的确定通常会采用主观赋权法和客观赋权法两大类，主观赋权法通常采用德尔菲法和层次分析法，客观赋权法包括均方差法、变异系数法、熵值法、因子分析法等方法。本书采用主观赋权法和客观赋权法相结合的方法。

一、财务绩效类别的赋权

本书在财务绩效类别层次方面采用德尔菲法进行赋权。德尔菲法又称为专家法，最早由赫尔姆和达尔克提出。该方法依据系统的程序，采用匿名方式，即专家之间不得互相讨论，不发生横向联系，只与调查人员发生关系，通过多轮次调查专家所提问题的看法，经过反复征询、归纳、修改，最后综合成基本一致的看法，作为决策的依据。该方法利用专家的知识、智慧、经验等无法量化的带有很大模糊性的信息形成对各方面评价权数，该方法具有广泛的代表性，适用范围广，不足之处是受专家知识、经验等主观因素的影响，过程也较为烦琐。本书在实际调研服装业财务绩效指数的评价指标体系过程中，同时让专家对财务绩效的四个类别直接赋予相应的权重，具体情况如表 3-6 所示。本书用均值作为四个财务绩效类别对应的权重。

表3-6　财务绩效类别赋权的数值特征

类别	均值	标准差
盈利能力	0.3	0.0195
成长能力	0.2	0.0241
营运能力	0.25	0.0384
偿债能力	0.25	0.0325

注：均值是四舍五入的结果

二、具体财务指标的赋权

具体财务指标的赋权采用因子分析法客观赋权法和层次分析法主观赋权法相结合的方法，每种赋权法计算的权重再做简单算术平均，使得具体财务指标的权重既能从主观上体现信息的重要性，又能从客观上体现信息的差异性。

（一）因子分析客观赋权法

1. 因子分析法的赋权思想

在具体指标层次方面采用因子分析法，因子分析或主成分分析法作为一种多指标降维的方法，由于其数学性质良好，评价客观，目前已经被广泛地应用于了上市公司的综合评价研究。我们将因子分析的思想应用于客观权重的确定，不仅能得到具有较好数学性质的结果，并且还能与上市公司的这些综合评价研究相对应起来，因此财务指标的客观权重确定我们采用因子分析赋权法。

采用因子分析赋权法，其实质并不是利用因子分析法进行多指标降维与汇总，而是利用在因子分析过程中得到的共同度，共同度体现了各指标信息被因子提取的比重。当我们选取较少的因子就能反映出原始指标绝大部分的信息时，较少的这几个公共因子主要由共同度大的指标所决定，因此我们可以对共同度大的指标赋予相对高的权重。这即是因子赋权法的基本思想。

2. 因子分析法具体赋权过程

因子分析的基本思想是通过变量的相关系数矩阵内部结构的研究，找出能控制所有变量的少数几个随机变量去描述多个变量之间的相关关系，这少数几个不可观测的随机变量称为因子。

因子分析的数学模型是：

$$\begin{cases} X_1 = a_{11}F_1 + a_{12}F_2 + \cdots a_{1m}F_m + \varepsilon_1 \\ X_2 = a_{21}F_1 + a_{22}F_2 + \cdots a_{2m}F_m + \varepsilon_2 \\ \cdots \\ X_p = a_{p1}F_1 + a_{p2}F_2 + \cdots a_{pm}F_m + \varepsilon_p \end{cases}$$

且满足：

（1）$m \leqslant p$，即表示用较少的因子替代较多的原始变量；

（2）Cov（F, ζ）；

（3）F 各不相关且方差为 1，ζ 也各不相关且方差为 1。

F 是综合变量，称为 X 公共因子。a_{ij} 称为因子载荷是第 i 个变量在第 j 个公共因子上的负荷，其统计意义就是第 i 个变量与第 j 个公共因子的相关系数，反映了第 i 个变量在第 j 个公共因子上的相对重要性。

变量 X_i 的共同度即定义为该变量的所有因子载荷的平方和，即

$$h_i^2 = \sum_{j=1}^{m} a_{ij} \quad i = 1, \cdots, p$$

共同度刻画了全部公共因子对变量 X_i 的总方差所做的贡献，h_i^2 越接近于 1，说明被选取的公共因子能说明该变量的几乎全部原始信息。

因子分析赋权法，是依据各指标的共同度大小来确定权数，即对各指标

的共同度作归一化处理后，得到各指标的客观权重 $w_i = \frac{h_i^2}{\sum_{i=1}^{p} h_i^2}$。

由于客观权重的确定，需要通过对财务指标的经验数据进行实证分析才能得到。因此，关于财务指标的客观权重我们将在第 5 节服装业上市公司财务绩效指数的生成给出详细的计算。

（二）层次分析主观赋权法

1. 层次分析法的赋权思想

层次分析法（AHP）是一种可用于处理复杂的社会、政治、经济等决策问题的分析方法，是一种定量与定性相结合，将人的主观判断用数量形式表达的处理方法。层次分析法尤其适用于对各个评价指标权重因子的确定。在综合评价中，尤其适用于评价准则较多且分层的情况。备选方案与评价准则之间有的是直接相关，有的间接相关，有的根本不相关，关系复杂，用前两种方法都不易解决问题。层次分析法最早是 20 世纪 70 年代由美国运筹学家 Saaty 提出，以后迅速得到应用与发展。用层次分析法进行决策，基本过程是：分析各因素之间的关系，建立系统的递阶层次结构，对同一层次的各元素关于上一层次中某一准则的重要性进行两两比较，构造两两比较判断矩阵，通过两两比较判断矩阵计算被比较元素对于该准则的相对权重，然后计算各层元素对目标的合成权重，进行排序。

2. 层次分析法具体赋权过程

（1）构造比较判断矩阵。比较判断矩阵表示针对上一层次某指标，本层次与之相关的指标间相对重要程度的比较。假定某层次有 n 个指标 U_1、U_2，……U_n，同属于上一层次的指标 U。邀请若干位专家判断 U_1、U_2，……U_n 的相对重要程度。为此，每位专家要对 U_1、U_2，……U_n 两两比较它们对上一层次 A 的重要程度，做出如表 3-7 所示的比较判断矩阵。表中 a_{ij} 表示指标 U_i 比 U_j 对 A 指标相对重要程度的数值，且 $a_{ij}=1/a_{ji}$。

表3-7 比较判断矩阵

A	U_1	U_2	…	U_j	…	U_n
U_1	a_{11}	a_{12}	…	a_{1j}	…	a_{1n}
U_2	a_{21}	a_{22}	…	a_{2j}	…	a_{2n}
…	…	…	…	…	…	…
U_i	a_{i1}	a_{i2}	…	a_{ij}	…	a_{in}
…	…	…	…	…	…	…
U_n	a_{n1}	a_{n2}	…	a_{nj}	…	a_{nn}

通常用Saaty相对比较表作为指标 U_1、U_2，……U_n 两两比较的依据，给出判断矩阵元素的标度值。表3-8为Saaty相对比较表。

表3-8 Saaty相对比较表

标度值	含义
1	两指标同等重要
3	一个比另一个稍微重要
5	一个比另一个明显重要
7	一个比另一个强烈重要
9	一个比另一个极端重要
2，4，6，8	一个指标相对另一个指标的重要程度处于相邻奇数之间
上述整数的倒数	一个指标相对而言没有另一个指标重要

（2）计算比较判断矩阵 A 的最大特征根、最大特征根对应的特征向量和指标的权重。为此，求方程

$$|A-\lambda I|=0$$

的解，得到参数 λ 的n个解 $\lambda_1,\lambda_2,\cdots,\lambda_n$，称为矩阵 A 的特征根。式中 A 为比较判断矩阵，I 为单位矩阵。从 n 个特征根中挑出最大解 λ_{max}，再由特征方程

$$AX = \lambda_{\max} X$$

解的特征向量 $X=(x_1, x_2, \cdots, x_n)$。最后将特征向量归一化，得到指标 $\mu_1, \mu_2, \cdots, \mu_n$ 的权重向量

$$W = \left(x_1 \Big/ \sum_{i=1}^{n} x_i, x_2 \Big/ \sum_{i=1}^{n} x_i, \cdots, x_n \Big/ \sum_{i=1}^{n} x_n\right) = (W_1, W_2, W_3)$$

（3）一致性检验。由于客观事物的复杂性及专家认识的局限性，专家所作判断矩阵 A 与客观事实可能不一致，即 a_{ij} 不一定恰好满足 $a_{ij} = W_i / W_j$。因此需要对 A 做一致性检验。按下式计算一致性比例 $C.R.$ 并作检验

$$C.R. = \frac{C.I.}{R.I.}$$

式中：$C.I.$—— 一致性指标，$C.I. = \dfrac{\lambda_{\max} - n}{n-1}$；

$R.I.$——随机一致性指标，可以根据矩阵 A 的阶次查随机一致性指标 $R.I.$ 表得到（表 3-9）。

表3–9 随机一致性指标 $R.I.$ 表

n	2	3	4	5	6	7	8	9	10	11
R.I.	0	0.58	0.90	1.12	1.24	1.32	1.41	1.45	1.49	1.51

一致性检验的条件是

$$C.R. \leqslant 0.1$$

当 $C.R. \leqslant 0.1$ 时，则认为判断矩阵 A 具有满意的一致性。实际工作中，当 $C.R. > 0.1$ 时，需要对矩阵 A 做若干修正，直到满足一致性检验的条件为止。

层次分析法可以帮助我们客观地利用专家打分的赋权结果，最大限度地减少主观因素的影响，提高决策的科学性。

第四节　服装业样本选择与基期确定

一、样本公司选择

服装业财务绩效指数是基于服装业上市公司具体财务数据编制的，旨在反映服装业整体财务绩效波动状况。因此，入选的样本公司必须具有较强的代表性，以服装生产销售为主，企业上市时间在两年以上（方便计算发展能力指标）且财务运行平稳。截止到2018年底共有36家服装服饰企业上市，最近5年上市的企业多达16家，但也有因为服装主业变更或财务绩效不理想而退出的企业，因此必须制订一套合理的样本企业进入、退出规则，以便能够连续平稳、科学地反映服装业整体财务绩效波动状况。

样本企业的进入规则：①上市时间在两年或两年以上；②公司经营状况良好，最近一年无重大违法违规事件、财务报告无重大问题；③以服装生产和销售为主业；④列入到证监会服装服饰板块名单的上市公司。

样本企业的退出规则：①主业发生变更，不再以生产和销售服装为主；②公司经营不善，被证监会冠以ST或PT帽子的企业。

二、样本公司权重确定

本书研究的是服装业上市公司整体财务绩效波动情况。企业的服装销售额及在行业中所占的比重，最能反映企业在整个行业当中的影响力。因此在确定样本公司权重时，用报告期每家样本公司的服装销售额占全部样本企业服装销售总额的比重作为权重，这样既能反映每家样本公司在服装行业中的地位，同时又能把每家企业最新的行业占有率的变化，反映到权重中来。

三、样本数据来源及基期确定

本书所需要的样本数据均来自国泰君安上市公司数据库系统，以此来构建服装业上市公司财务绩效指数。本书选择 2012 年作为服装业财务绩效指数研究的基期。这是因为 2012 年是中国经济增速换挡的第一年，自 2012 年开始，中国 GDP 增速结束了长达 10 余年 10% 左右的高增长状态，转而下降到 7.5%。2012 年同时也是中国劳动力人口的拐点，随后劳动力人口规模持续下降，少子化和老龄化现象突出，总抚养比持续上升。因此以 2012 年作为财务绩效指数研究的基年，能较好地反映中国经济新常态下我国服装业发展变化的财务特征。

第五节　服装业财务绩效指数的生成

一、指标的预处理

（一）指标的同向化处理

指标同向化是指将所有评价指标的经济性质调整为一致，习惯上是将指标统一调整为正指标，即指标数值越大经济意义越好，在这种情况下，则本书构建的财务绩效指数数值越大表明服装类上市公司财务状况越好。因此，需要调整的指标主要是适度指标与逆指标。纵观本书设计的服装业财务绩效指数的评价指标体系，共有 17 个评价指标，绝大部分都是正指标，只有偿债能力类别下的资产负债率指标是逆指标。本文通过计算资产负债率的互补指标资产权益率将该指标调整为正指标。

（二）指标的无量纲化处理

性质不同的指标计量单位不同，即使是性质相同的指标还存在因取值范围不同而波动幅度不同的问题，如果把这些指标取值直接相加或相乘都是没有意义的，还需要对其进行无量纲化处理。常见的指标无量纲化处理的方法有阈值法、规格化法和标准化法。本文采用标准化法对样本的各个具体指标值进行无量纲化处理。

标准化法也称为 Z-Score 法，是多元统计分析中常用的方法，计算公式如下：

$$X_{ij}^{*}=\frac{X_{ij}-\overline{X}_i}{S_i}$$

$\overline{X}_i$是第 i 个指标的均值，S_i 是第 i 个指标的标准差，下同。该无量纲化的指标值实质是原始指标值与均值的距离为标准差的几倍，即将指标值转换为标准正态分布下的点。该方法要求数据成正态分布，或者说要求观测值个数较多，此时可以利用中心极限定理认为数据成正态分布。Z-Score 法在运算中用到均值和标准差，利用的原始数据信息较多，不足之处表现为当 X_{ij} 比$\overline{X}_i$小时，对于某些多指标汇总方法如熵值法不适用。本文运用加权算术平均法进行汇总，因而不受该缺陷的影响。

二、具体财务指标权重的计算

下面依据本章第三节介绍具体财务指标赋权方法，运用因子分析法和层次分析法分别对盈利能力、周转能力、偿债能力、发展能力目标层下的二级指标进行赋权，得出相应的客观权重。最后对两种不同方法下计算的权重做算术平均，得到各指标最终的赋权结果。具体权重计算结果如表 3-10 所示。

表3-10 四大财务绩效类别的具体指标赋权结果

绩效类别	具体指标	指标代码	权重值
盈利能力	资产报酬率	R_1	0.2078
	净资产收益率	R_2	0.2108
	营业毛利率	R_3	0.1858
	营业利润率	R_4	0.2023
	营业净利率	R_5	0.1932
周转能力	应收账款周转率	Z_1	0.2542
	存货周转率	Z_2	0.2738
	流动资产周转率	Z_3	0.2188
	固定资产周转率	Z_4	0.1511
	总资产周转率	Z_5	0.1022
偿债能力	流动比率	L_1	0.2287
	速动比率	L_2	0.2462
	现金比率	L_3	0.2546
	资产权益率	L_4	0.2705
发展能力	资本保值增值率	D_1	0.3016
	总资产发展率	D_2	0.3325
	营业总收入发展率	D_3	0.3659

三、分类及综合财务绩效指数的计算结果

本书采用加权算术平均数的指数编制方法，在类别及综合指数编制过程中，首先利用样本公司的各项具体指标乘以样本公司对应的权重计算行业均

值，然后用当年某季度的值与上年同一季度的值做比较计算每项具体指标的个体指数，接着再将每项指标的个体指数乘以其对应的客观权重，得到服装业每季对应的同比类别财务绩效指数。最后用同比类别财务绩效指数乘以专家赋权的目标层权重得到最终的同比综合财务绩效指数。定基财务绩效指数可以由同比财务绩效指数相乘获得。具体指数计算公式如下所示：

$$K_{t/(t-1)}=\sum_{j=1}^{m}I_{t/(t-1)}\omega_{jt}\text{，其中}I_{t/(t-1)}=\overline{X}_{jt}/\overline{X}_{j(t-1)},\ \overline{X}_{jt}=\sum_{i=1}^{n}X_{ijt}\phi_{it} \quad (1)$$

$$K_{t/0}=K_{t/(t-1)}\times K_{(t-1)/0} \quad (2)$$

X_{ijt} 表示 i 公司第 j 个指标 t 时期数值，ϕ_{it} 表示 i 公司 t 时期的权重，n 为样本公司数，则 $\overline{X}_{jt}$ 即是样本公司 j 指标 t 时期的加权平均数，$I_{t/(t-1)}$ 是 j 指标 t 时期的环比个体指数；ω_{jt} 表示第 j 个指标 t 时期的权重，m 是财务指标个数。（1）式 $K_{t/(t-1)}$ 是同期环比财务绩效指数，表示 t 期对 $t-1$ 期，值得注意的是，本文是采取当年某季度与上年同一季度做对比，形成同比财务绩效指数，这样可以消除季节性影响。（2）式为定基财务绩效指数，即 t 期对 2012 年同期，定基财务绩效指数可由同比财务绩效指数相乘获得。

根据上述计算思路，本书分别计算了四类类别财务绩效指数的同比和定基指数，计算结果如表 3–11 和表 3–12 所示。

表3–11　服装业同比类别财务绩效指数编制结果

年份 / 季度	盈利能力同比指数	周转能力同比指数	偿债能力同比指数	发展能力同比指数
2013/q1	84.15%	110.95%	92.84%	96.83%
2013/q2	89.79%	108.16%	87.18%	94.53%
2013/q3	87.54%	102.97%	89.66%	94.59%
2013/q4	85.45%	99.72%	94.59%	95.28%
2014/q1	135.01%	113.72%	85.62%	112.78%
2014/q2	132.22%	109.80%	86.65%	103.65%

续表

年份/季度	盈利能力同比指数	周转能力同比指数	偿债能力同比指数	发展能力同比指数
2014/q3	120.67%	100.89%	78.95%	111.29%
2014/q4	125.10%	102.82%	86.08%	105.98%
2015/q1	90.62%	88.77%	93.84%	96.34%
2015/q2	95.12%	89.52%	85.37%	98.80%
2015/q3	94.90%	92.45%	91.36%	94.72%
2015/q4	90.13%	97.73%	81.31%	99.84%
2016/q1	102.29%	102.24%	76.55%	101.19%
2016/q2	90.79%	104.04%	89.00%	103.41%
2016/q3	94.23%	109.86%	92.44%	101.75%
2016/q4	93.59%	108.52%	99.58%	106.83%
2017/q1	97.54%	116.89%	97.88%	113.29%
2017/q2	99.81%	119.02%	100.17%	116.20%
2017/q3	97.11%	122.34%	89.02%	115.64%
2017/q4	92.19%	114.52%	88.09%	95.06%
2018/q1	96.82%	109.07%	82.40%	89.92%
2018/q2	96.28%	104.63%	83.82%	81.74%
2018/q3	96.21%	89.20%	90.17%	78.91%
2018/q4	88.59%	88.63%	92.17%	86.58%

表3-12 服装业定基类别财务绩效指数编制结果

年份/季度	盈利能力定基指数	周转能力定基指数	偿债能力定基指数	发展能力定基指数
2013/q1	84.15%	110.95%	92.84%	96.83%
2013/q2	89.79%	108.16%	87.18%	94.53%
2013/q3	87.54%	102.97%	89.66%	94.59%
2013/q4	85.45%	99.72%	94.59%	95.28%
2014/q1	113.60%	126.18%	79.50%	109.20%

续表

年份 / 季度	盈利能力定基指数	周转能力定基指数	偿债能力定基指数	发展能力定基指数
2014/q2	118.71%	118.75%	75.54%	97.98%
2014/q3	105.64%	103.89%	70.79%	105.27%
2014/q4	106.89%	102.54%	81.42%	100.97%
2015/q1	102.94%	112.00%	74.60%	105.21%
2015/q2	112.92%	106.31%	64.49%	96.80%
2015/q3	100.25%	96.05%	64.67%	99.72%
2015/q4	96.34%	100.20%	66.20%	100.81%
2016/q1	105.30%	114.51%	57.10%	106.46%
2016/q2	102.51%	110.61%	57.39%	100.10%
2016/q3	94.46%	105.52%	59.78%	101.46%
2016/q4	90.16%	108.74%	65.92%	107.70%
2017/q1	102.71%	133.85%	55.89%	120.61%
2017/q2	102.32%	131.65%	57.49%	116.32%
2017/q3	91.74%	129.09%	53.22%	117.33%
2017/q4	83.12%	124.53%	58.07%	102.38%
2018/q1	99.44%	145.99%	46.06%	108.45%
2018/q2	98.51%	137.74%	48.19%	95.08%
2018/q3	88.26%	115.15%	47.98%	92.59%
2018/q4	73.64%	110.36%	53.53%	88.64%

然后利用类别财务绩效指数的编制结果，乘以专家赋权的权重，计算出综合财务绩效指数的同比指数和定基指数。综合财务绩效指数的计算结果如表 3-13 所示。

表3-13　服装业综合财务绩效指数编制结果

年份 / 季度	同比综合财务绩效指数	定基综合财务绩效指数
2012/q1	100%	100%

续表

年份 / 季度	同比综合财务绩效指数	定基综合财务绩效指数
2012/q2	100%	100%
2012/q3	100%	100%
2012/q4	100%	100%
2013/q1	94.9%	94.9%
2013/q2	94.0%	94.0%
2013/q3	92.9%	92.9%
2013/q4	93.0%	93.0%
2014/q1	112.8%	107.0%
2014/q2	109.2%	102.6%
2014/q3	103.9%	96.6%
2014/q4	106.1%	98.7%
2015/q1	92.5%	99.0%
2015/q2	92.5%	94.9%
2015/q3	93.5%	90.3%
2015/q4	91.9%	90.7%
2016/q1	95.6%	94.6%
2016/q2	96.1%	91.3%
2016/q3	98.8%	89.2%
2016/q4	101.4%	92.0%
2017/q1	105.4%	99.7%
2017/q2	107.8%	98.4%
2017/q3	104.8%	93.4%
2017/q4	96.4%	88.6%
2018/q1	93.9%	93.7%
2018/q2	91.2%	89.8%
2018/q3	89.0%	83.1%
2018/q4	89.0%	78.8%

第六节 本章小结

详细阐述了服装业上市公司财务绩效指数的编制过程，具体包括财务绩效指数编制方法、权重确定、样本及基期选择的内容。选择所属证监会纺织服装、服饰业板块上市公司作为研究样本，以中国进入经济新常态的第一年——2012年作为指数编制的基期，然后运用专家调查主观赋权法确定了盈利能力指数、周转能力指数、偿债能力指数、发展能力指数四个类别财务绩效指数的权重，以因子分析法结合层次分析法计算出财务绩效指数中17个具体财务指标的权重，最后运用平均数指数法编制出了服装业类别财务绩效指数和综合财务绩效指数。

第四章
服装业财务绩效指数波动特征及趋势分析

将对服装业综合财务绩效指数和类别财务绩效指数的运行轨迹与波动规律进行分析，以期从行业角度洞悉服装产业发展过程的财务绩效状况变化情况，指导服装企业的财务绩效管理工作。

第一节　服装业财务绩效指标的统计特征描述

本书采集的反映年度财务绩效变化的160个样本点4个类别下17个具体指标的描述性统计量值如表4-1所示。可以看到17个具体财务指标的波动幅度并不相同。由于各财务指标量纲不同，本书通过离散系数来比较各指标数列之间的波动性大小。

表4-1　服装业财务指标描述性统计表

财务指标	N	极小值	极大值	均值	标准差	标准差系数
资产报酬率	160	−0.1077	0.1800	0.0479	0.0521	1.0860
净资产收益率	160	−0.3337	0.4558	0.0635	0.0959	1.5084
营业毛利率	160	0.0713	0.6969	0.3729	0.1593	0.4272
营业利润率	160	−0.4725	0.3108	0.0764	0.1073	1.4053
营业净利率	160	−0.4421	0.3012	0.0646	0.0934	1.4463
应收账款周转率	160	1.4938	58.4935	10.5715	9.5301	0.9015
存货周转率	160	0.2329	10.4860	2.5915	2.0562	0.7934
流动资产周转率	160	0.2426	2.5285	1.0296	0.4960	0.4817
固定资产周转率	160	0.8189	33.8644	5.8109	4.9530	0.8524
总资产周转率	160	0.1512	2.0919	0.6284	0.3274	0.5210
流动比率	160	0.7254	9.7207	2.6453	1.5316	0.5790
速动比率	160	0.1865	7.7899	1.8690	1.3234	0.7081
现金比率	160	0.0114	4.5498	0.8520	0.8260	0.9695

续表

财务指标	N	极小值	极大值	均值	标准差	标准差系数
资产负债率	160	0.0827	0.7598	0.3517	0.1690	0.4803
资本保值增值率	160	0.5825	3.2047	1.0993	0.2638	0.2400
总资产增长率	160	−0.5030	4.5907	0.1334	0.4716	3.5351
营业总收入增长率	160	−0.3794	8.0362	0.1603	0.7263	4.5300

波动幅度最大的当属反映企业发展能力的 2 个指标——营业总收入增长率的标准差系数达到 4.53，紧随其后的是总资产增长率，标准差系数达到 3.5351。净资产收益率在各企业间也呈现出较大幅度的变化，标准差系数为 1.5084。可见，中国经济进入新常态以来，服装业普遍赚钱的局面一去不复返，即使是中国规模最大、实力最强的服装业上市公司，在企业营业收入扩张、盈利增长及资产规模增速方面也表现出巨大差异，呈现出两极分化的局面，服装市场巨头之间的白炽化竞争非常激烈。

波动幅度最小的指标是资本保值增值率，标准差系数为 0.24，其次是营业毛利率和资产负债率，标准差系数分别为 0.4272 和 0.4803。这从另一个侧面反映了当下服装市场的竞争激烈程度。服装业上市公司在拼抢有限的市场空间的同时，由于产品的同质化竞争比较严重，企业间的营业毛利率差异不大，而且资本保值增值率也没有出现明显分化。换言之，无论是经营增速快的服装企业还是经营增速慢的服装企业，自有资金的增长速度出现一致性的变化，说明股东对未来服装市场的发展预期一致，另外资产负债率在企业间的差异也不大，服装企业对财务杠杆的应用也没有因企业营业收入和盈利能力的变化而出现明显的分歧。可见经济进入新常态以来，服装业对自有资金投入和外部融资的选择表现一致。

从资产负债率的均值来看，仅为 0.3517，融资政策偏保守。从固定资产和流动资产周转率均值来看，分别为 5.8109 和 1.0296，流动资产周转率明显快于固定资产周转率，说明服装产业投资政策整体上看也趋于保守，服装业不愿在代表未来发展潜能的固定资产上有过多的投入。新常态下的服装业呈现成熟期的财务特征，营业收入增长和盈利能力增长难度加大，自有资金投资的积极性趋同，资产的流动性很强，对固定资产的投资偏好减弱，攻势不足，守成有余。

第二节　服装业财务绩效指数波动特征分析

一、服装业综合财务绩效指数的波动特征分析

1. 定基综合财务绩效指数呈现波动下降的趋势

为了更直观地反映服装业财务绩效在中长期的变化趋势，本书根据服装业综合财务绩效指数测算结果绘制了服装业综合财务绩效指数变动趋势图4-1。从服装业定基综合财务绩效指数来看，自2012年以来，服装业财务绩效呈现波动下行的趋势，除了2014年一季度和二季度定基指数超过100%以外，其余22个季度均未超过2012年的水平，服装业定基综合财务绩效指数呈现“L”形筑底的趋势。

2. 同比综合财务绩效指数呈现牛短熊长的走势

从服装业同比综合财务绩效指数来看，大致经历了2个上行周期，分别是2014年一季度～2014年四季度和2016年三季度～2017年四季度，第1次反弹非常突然，结束的也非常快，2016年以来的这次反弹从趋势上来看，有止跌复苏的迹象，但平稳上升的趋势也只持续了1年半的时间，就重新回

到下跌状态，而且有持续下跌的趋势，2018 年四季度仍未企稳。整体来看，2013 ～ 2018 年，服装业同比综合财务绩效指数大致经历了 2 个波动周期，大致和服装业的补库存周期一致，平均 3 年为 1 个周期——2 年下行期，1 年上行期。可见，中国经济进入新常态以来，中国服装业同比综合财务绩效指数呈现牛短熊长的弱势发展态势，上行动力不足，下行风险较大。

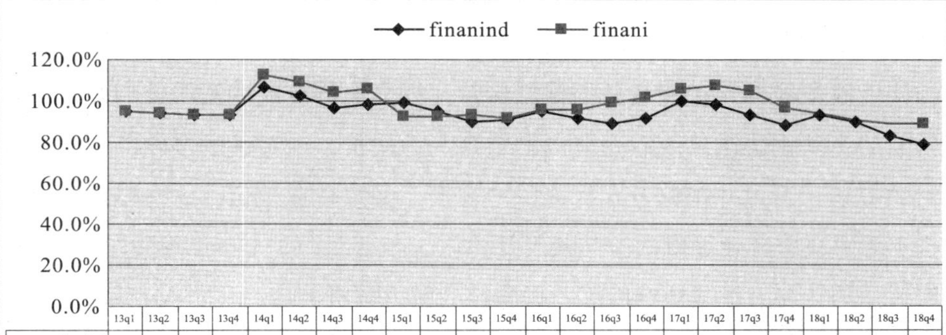

	13q1	13q2	13q3	13q4	14q1	14q2	14q3	14q4	15q1	15q2	15q3	15q4	16q1	16q2	16q3	16q4	17q1	17q2	17q3	17q4	18q1	18q2	18q3	18q4
finanind	94.9%	94.0%	92.9%	93.0%	107.0%	102.6%	96.6%	98.7%	99.0%	94.9%	90.3%	90.7%	94.6%	91.3%	89.2%	92.0%	99.7%	98.4%	93.4%	88.6%	93.7%	89.8%	83.1%	78.8%
finani	94.9%	94.0%	92.9%	93.0%	112.8%	109.2%	103.9%	106.1%	92.5%	92.5%	93.5%	91.9%	95.6%	96.1%	98.8%	101.4%	105.4%	107.8%	104.8%	96.4%	93.9%	91.2%	89.0%	89.0%

注：finanind—定基综合财务绩效指数；finani—同比综合财务绩效指数

图4-1 服装业综合财务绩效指数变动趋势图

二、服装业类别财务绩效指数的波动特征分析

（一）服装业定基类别财务绩效指数波动特征分析

企业盈利能力、周转能力、偿债能力和发展能力是影响企业财务状况的根本原因，是判断企业及产业发展周期的重要类别指标，同时也是监控企业及产业运行健康状况的主要手段。2012 年一季度以来，服装业定基类别财务绩效指数变动趋势如图 4-2 所示。

1. 定基周转能力指数不断走高，服装业在持续去库存、去产能

2012 年以来，服装业定基周转能力指数持续高位运行，除 2015 年三季度

略低于 100%，其余各季度该指数均在 100% 以上，而且，自 2015 年三季度以来，服装业定基周转能力指数有持续上升的趋势。这说明服装业在进入新常态以来，特别是国家启动供给侧结构性改革以来，一直在去库存、去产能，资产的利用效率持续走高。另外，定基周转能力指数和定基盈利能力指数呈现出较强的正相关性：周转能力加快，盈利能力好转；周转能力放慢，盈利能力变差。但自 2016 年起的最近 3 年，周转能力提升对改善盈利能力的刺激效应越来越弱，反而周转能力的下降会加速盈利能力的下降。可见，供给侧结构性改革能够促进服装业的优胜劣汰，提高头部企业的资产使用效率，但残酷的竞争也会激发现有企业以牺牲盈利为代价，通过薄利多销的方式充分占领市场，通过并购的方式扩充资产规模，稳定行业地位，这些做法没有从根本上解决服装业提供的商品缺乏差异化、产品创新能力不强等问题，2018 年服装业周转能力指数持续回落，去库存的能力有所下降。

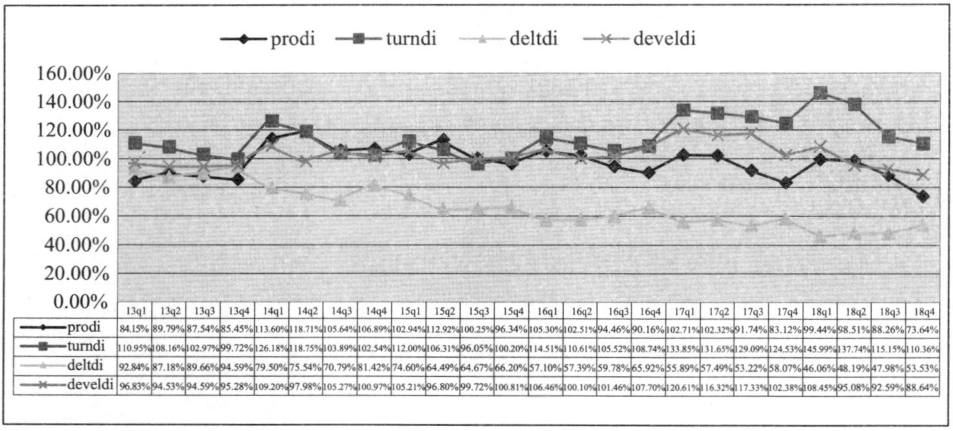

	13q1	13q2	13q3	13q4	14q1	14q2	14q3	14q4	15q1	15q2	15q3	15q4
prodi	84.15%	89.79%	87.54%	85.45%	113.60%	118.71%	105.64%	106.89%	102.94%	112.92%	100.25%	96.34%
turndi	110.95%	108.16%	102.97%	99.72%	126.18%	118.75%	103.89%	102.54%	112.00%	106.31%	96.05%	100.20%
deltdi	92.84%	87.18%	89.66%	94.59%	79.50%	75.54%	70.79%	81.42%	74.60%	64.49%	64.67%	66.20%
develdi	96.83%	94.53%	94.59%	95.28%	109.20%	97.98%	105.27%	100.97%	105.21%	96.80%	99.72%	100.81%

	16q1	16q2	16q3	16q4	17q1	17q2	17q3	17q4	18q1	18q2	18q3	18q4
prodi	105.30%	102.51%	94.46%	90.16%	102.71%	102.32%	91.74%	83.12%	99.44%	98.51%	88.26%	73.64%
turndi	114.51%	110.61%	105.52%	108.74%	133.85%	131.65%	129.09%	124.53%	145.99%	137.74%	115.15%	110.36%
deltdi	57.10%	57.39%	59.78%	65.92%	55.89%	57.49%	53.22%	58.07%	46.06%	48.19%	47.98%	53.53%
develdi	106.46%	100.10%	101.46%	107.70%	120.61%	116.32%	117.33%	102.38%	108.45%	95.08%	92.59%	88.64%

注：prodi—盈利能力定基指数；turndi—周转能力定基指数；deltdi—偿债能力定基指数；develdi—发展能力定基指数

图4-2 服装业定基类别财务绩效指数变动趋势图

2. 定基盈利能力指数先高后低，去库存对盈利能力的改善越来越有限

定基盈利能力指数呈现出前高后低的走势，2016 年二季度以前，除

2013年的定基盈利能力指数略低于基期2012年的100%以外，其余各季度盈利能力指数均在100%以上，2016年三季度以来，服装业定基盈利能力指数持续走低，除了2017年前2个季度外，其余季度定基盈利能力指数均低于2012年100%的基期水平。可见，服装业进入成熟期之后，现存企业竞争激烈，盈利难度加大，盈利能力有持续下降的趋势。

3. 定基发展能力指数围绕基期水平波动，产业发展平稳

2013年以来，服装业定基发展能力指数围绕2012年基期水平100%，上下波动变化。2016年三季度以前该指数波动幅度较小，2016年三季度以后波动幅度变宽。2017年一季度发展能力指数较2012年基期水平提高了20%，达到近几年来的峰值，而后在2017年四季度迅速回落，2018年四季度该指数较2012年基期水平下降了12%。可见，服装业发展能力指数除了2017～2018年最近两年波动幅度较大以外，从中长期来看，服装业整体发展势头稳定，市场需求和资产扩张都保持在一个较为平稳的水平，呈现出成熟期的产业特征。

4. 定基偿债能力指数持续快速下滑，加杠杆成为行业的普遍选择

定基偿债能力指数最近7年来一路快速下滑，服装业进入成熟期后，服装业上市公司作为服装业的龙头企业，在行业内具有一定的垄断地位，可以凭借稳定的现金流不断获得银行融资及商业信贷资金，可见最近七年来，服装业上市公司不断通过加杠杆提高自有资金的获利能力。虽然服装业整体资产负债率不高，但以民营企业为主的服装业都不约而同地选择加杠杆的方式来促进企业发展，而不是选择增加自有资金来支持发展，这也说明了股东对未来服装市场的发展局势普遍比较悲观，宁愿将风险转嫁给债权人也不愿自己承担风险，另一方面也表明经济进入新常态后，资金相对于优质资产而言更为充裕，服装业上市公司是产业的龙头企业，是资金追逐的对象，因而更容易获得负债资金来扩大经营，但过度依赖外部资金，会导致产业财务风险不断积聚和上升。

（二）服装业同比类别财务绩效指数波动特征分析

2012 年一季度以来，服装业同比类别财务绩效指数的运行结果见图 4-3。

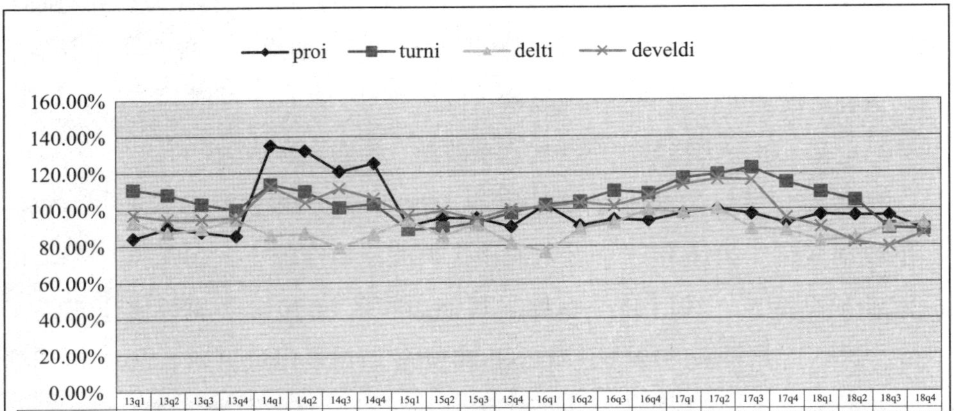

	13q1	13q2	13q3	13q4	14q1	14q2	14q3	14q4	15q1	15q2	15q3	15q4
proi	84.15%	89.79%	87.54%	85.45%	135.01%	132.22%	120.67%	125.10%	90.62%	95.12%	94.90%	90.13%
turni	110.95%	108.16%	102.97%	99.72%	113.72%	109.80%	100.89%	102.82%	88.77%	89.52%	92.45%	97.73%
delti	92.84%	87.18%	89.66%	94.59%	85.62%	86.65%	78.95%	86.08%	93.84%	85.37%	91.36%	81.31%
develi	96.83%	94.53%	94.59%	95.28%	112.78%	103.65%	111.29%	105.98%	96.34%	98.80%	94.72%	99.84%

	16q1	16q2	16q3	16q4	17q1	17q2	17q3	17q4	18q1	18q2	18q3	18q4
proi	102.29%	90.79%	94.23%	93.59%	97.54%	99.81%	97.11%	92.19%	96.82%	96.28%	96.21%	88.59%
turni	102.24%	104.04%	109.86%	108.52%	116.89%	119.02%	122.34%	114.52%	109.07%	104.63%	89.20%	88.63%
delti	76.55%	89.00%	92.44%	99.58%	97.88%	100.17%	89.02%	88.09%	82.40%	83.82%	90.17%	92.17%
develi	101.19%	103.41%	101.75%	106.83%	113.29%	116.20%	115.64%	95.06%	89.92%	81.74%	78.91%	86.58%

注：proi—盈利能力同比指数；turni—周转能力同比指数；delti—偿债能力同比指数；develi—发展能力同比指数

图4-3 服装业同比类别财务绩效指数变动趋势图

1. 同比盈利能力指数和偿债能力指数经常呈现此消彼长的变化趋势

最近七年来，服装业同比盈利能力指数和偿债能力指数经常呈现此消彼长的变化趋势。表现最为明显的是 2014 年一季度～ 2014 年四季度，盈利能力显著上升，偿债能力显著下降，其次是 2017 年四季度～ 2018 年四季度，盈利能力和偿债能力的变化趋势相反，这说明盈利能力的提高主要是通过加杠杆获得的，而非产品竞争力提升、毛利率提高导致的，这说明盈利质量不高，要靠外部融资的刺激来扩大经营规模，进而获得规模收益提高盈利水平。但 2016 年二季度～ 2017 年二季度是个例外，同比盈利能力指数和偿债能力指数均呈现上升趋势，这一阶段企业盈利能力的提高并不是靠增加负债来获得的，而是通过供给侧结构性改革，通过市场出清为优质企业提供了市场空间和涨价空间，促进了上市公司盈利能力的提升和盈利质量的提高。但总的来看，服装业同比盈利能力指数和偿债能力指数经常性呈现反向变化，说明服装业盈利能力受外部融资影响大，盈利质量不高，服装业多数时候仍在走规模增长而非高质量增长的老路。

2. 同比周转能力和发展能力指数变化基本一致，体现了行业需求的变化

服装业同比周转能力和发展能力指数变化基本一致，两类指数受主营业务收入变化的影响大。2015 年三季度以来，服装业龙头企业的销售状况持续好转，同比周转能力和发展能力指数均呈现出上升趋势，2017 年三季度达到峰值后，两类指数开始同时持续下降，同比发展能力指数比周转能力指数下降更快些，2018 年三、四季度两类指数又同时出现止跌回升的迹象。两类指数变化趋同充分体现了服装业市场需求的变化。

三、服装业具体财务指标指数的波动特征分析

服装业财务绩效指数在设计的过程中，每项能力类别指标又包含了若干具体财务指标，这是揭示企业财务行为和财务绩效关系的最底层指标，也是解读企业和行业发展问题及其风险的最直接入口。

（一）服装业定基盈利能力具体指标指数波动特征分析

影响服装业定基盈利能力的 5 项具体指标指数变动趋势如图 4-4 所示。其中营业毛利率、营业利润率和营业净利率是反映企业及行业经营活动获利能力的 3 项主要指标，净资产收益率和资产报酬率是反映企业及行业资产获利能力的 2 项主要指标。

1. 反映经营获利能力的三项指标指数持续小幅下降

2012 年以来，服装业营业毛利率定基指数一直呈现持续线形微跌的趋势，2016 年四季度之后营业毛利率指数下跌幅度有所增大，在经济新常态下，服装需求趋于饱和，服装业普遍采取以降价换销量的方式来维持经营，服装主

业毛利率被不断摊薄，企业产品竞争力和行业吸引力持续走弱，最后 2 年企业间的竞争更为激励，毛利率下降的更厉害。2012 年以来，营业利润率和营业净利率定基指数的变化趋势大致相同，在小幅波动中呈现震荡下行的趋势，伴随着毛利率的降低，经营获利能力也在不断下降，2016 年四季度之后营业利润率和营业净利率定基指数波动幅度较前几年有所加大，服装业经营获利的稳定性下降，不确定性因素增加。

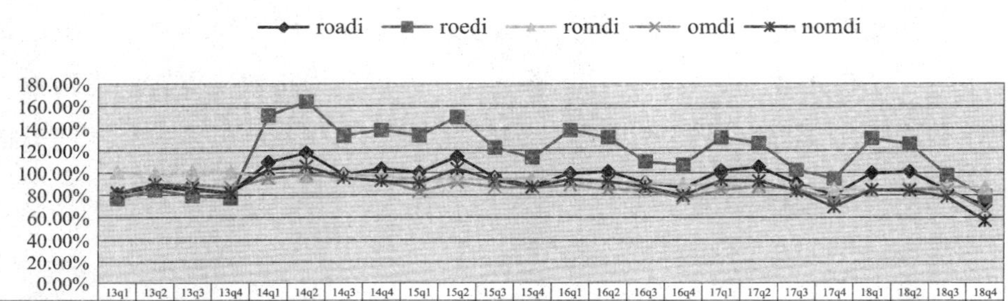

	13q1	13q2	13q3	13q4	14q1	14q2	14q3	14q4	15q1	15q2	15q3	15q4
roadi	80.96%	87.26%	84.12%	81.74%	109.40%	117.83%	98.42%	103.28%	100.14%	114.19%	95.60%	87.98%
roedi	76.70%	84.46%	79.16%	77.30%	151.41%	163.69%	132.99%	138.05%	133.11%	149.81%	122.47%	113.27%
romdi	100.51%	98.90%	100.22%	100.83%	95,62%	96.93%	97.79%	96.80%	94.29%	94.62%	93.91%	94.51%
omdi	82.50%	89.56%	89.44%	86.83%	94.68%	98.84%	94.93%	92.82%	83.14%	91.03%	87.13%	86.15%
nomdi	81.68%	89.78%	86.18%	82.08%	103.19%	105.72%	95.14%	92.26%	90.64%	103.48%	92.99%	86.95%

	16q1	16q2	16q3	16q4	17q1	17q2	17q3	17q4	18q1	18q2	18q3	18q4
roadi	99.25%	100.83%	90.75%	86.30%	101.83%	105.06%	90.40%	80.03%	99.67%	100.74%	83.86%	70.46%
roedi	138.10%	131.61%	109.83%	106.93%	131.50%	126.29%	102.27%	94.44%	130.82%	125.71%	97.49%	78.81%
romdi	92.58%	91.06%	90.61%	89.35%	88.28%	86.56%	86.74%	85.18%	84.26%	84.53%	87.10%	86.19%
omdi	88.74%	84.95%	84.11%	77.07%	84.32%	87.48%	85.41%	74.98%	84.31%	84.99%	84.67%	66.90%
nomdi	93.72%	91.86%	87.28%	79.36%	93.10%	92.35%	83.33%	69.41%	84.52%	83.98%	78.15%	56.91%

注：roadi—资产报酬率定基指数；roedi—净资产收益率定基指数；romdi—营业毛利率定基指数；omdi—营业利润率定基指数；nomdi—营业净利率定基指数

图4-4 服装业定基盈利能力具体指标指数变动趋势图

2. 反映资本盈利能力的两项指标指数呈现前高后低的走势

相比经营获利能力不断下降而言，反映资本盈利能力的服装业净资产收益率指数 2012 年以来一直在 100% 以上运行，净资产收益率较基期水平高，但增幅不断下降，2018 年四季度该指数首次低于 100%，权益资本获利能力有恶化的趋势。反映资产盈利能力的资产报酬率定基指数和净资产收益率定基指数的走势相似，只是波动幅度很小，呈现出围绕基期 100% 的水平震荡下行的趋势，2018 年四季度达到了最近 7 年的最低值，较 2012 年的基期水平低了 30 个百分点。根据前面的类别财务绩效指数的波动分析可知，最近

7 年来净资产收益率能够超过基期的水平，是在服装业经营获利能力持续小幅下降的背景下，权益资本通过加杠杆、快周转来提高自有资本报酬率的结果，盈利的质量不够高，也不够稳定，对规模效益的依赖性太强。2018 年后 2 个季度画风变了，行业资产周转能力下降，同时又在去杠杆，导致净资产收益率明显下降。

（二）服装业定基周转能力具体指标指数波动特征分析

影响服装业定基周转能力的 5 项具体指标指数变动趋势如图 4–5 所示。其中应收账款周转率、存货周转率和流动资产周转率是反映企业及行业短期流动资产运营效率的 3 项主要指标，固定资产周转率和总资产周转率是反映企业及行业长期资产运营效率的 2 项主要指标。

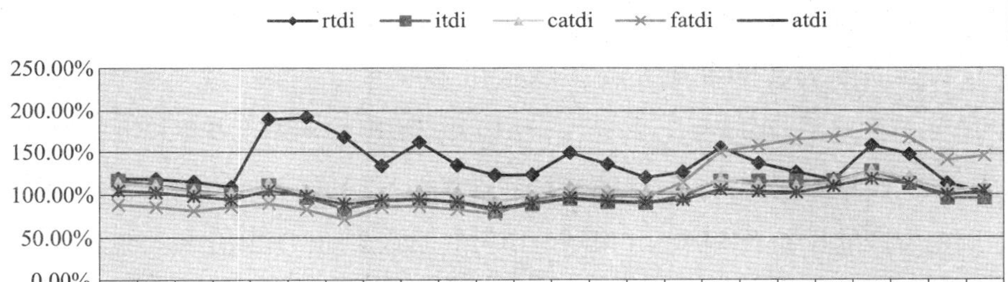

	13q1	13q2	13q3	13q4	14q1	14q2	14q3	14q4	15q1	15q2	15q3	15q4
rtdi	119.14%	118.31%	115.07%	108.89%	189.39%	191.70%	167.75%	133.66%	161.42%	134.08%	122.50%	122.70%
itdi	116.67%	112.02%	104.99%	100.68%	111.20%	96.72%	83.13%	92.23%	93.81%	90.74%	80.45%	88.56%
catdi	112.87%	109.72%	103.63%	100.01%	111.84%	103.63%	93.20%	97.66%	103.10%	101.63%	91.13%	97.35%
fatdi	88.23%	85.60%	81.18%	85.84%	89.57%	82.25%	71.11%	85.67%	86.55%	82.25%	76.99%	93.29%
atdi	104.75%	102.52%	98.28%	94.25%	104.62%	98.29%	88.97%	93.17%	94.60%	91.36%	83.97%	89.76%

	16q1	16q2	16q3	16q4	17q1	17q2	17q3	17q4	18q1	18q2	18q3	18q4
rtdi	148.68%	135.14%	119.69%	125.82%	154.76%	136.31%	125.67%	116.79%	157.57%	146.70%	112.47%	102.85%
itdi	94.90%	90.89%	89.87%	98.16%	115.37%	115.17%	115.19%	115.62%	127.00%	112.56%	95.27%	95.21%
catdi	109.06%	104.92%	102.57%	102.38%	117.06%	111.07%	107.87%	114.48%	126.62%	118.55%	103.68%	109.74%
fatdi	101.13%	98.48%	95.91%	114.06%	149.86%	156.95%	165.14%	167.85%	178.11%	167.00%	140.36%	144.88%
atdi	95.70%	92.29%	90.38%	93.35%	105.62%	103.45%	102.06%	109.47%	118.13%	112.24%	99.22%	103.75%

注：rtdi—应收账款周转率定基指数；itdi—存货周转率定基指数；catdi—流动资产周转率定基指数；fatdi—固定资产周转率定基指数；atdi—总资产周转率定基指数

图4–5　服装业定基周转能力具体指标指数变动趋势图

1. 存货、流动资产和总资产周转率定基指数波动趋同，呈 V 型变化趋势

2012 年以来，服装业存货周转率定基指数、流动资产周转率定基指数和总资产周转率定基指数 3 个指数的变化趋势基本一致，大致呈现 V 型变化的趋势，2012 ～ 2015 年三季度 3 个指数呈现小幅下降的趋势，2015 年三季

度～2018年一季度3个指数呈现小幅上升的趋势，2015年底启动的供给侧结构性改革有效刺激了服装业去库存，由于库存占服装业上市公司资产的比重非常大，库存周转率的上升又直接促进了流动资产和总资产周转率的上升。但2018年二季度以后，库存占比开始上升，导致存货、流动资产和总资产周转率同比指数都有所下降，2018年四季度3个指数均回落到基期的水平。

2. 应收账款周转率定基指数高于基期水平，但呈现逐期回落的趋势

服装业应收账款周转率定基指数自2013年以来普遍高于基期2012年的水平，2014年应收账款周转速度上升最快，随后各年在大幅波动中指数逐渐回落，2018年四季度应收账款周转率定基指数为102.85%，略高于基期的水平，应收款债权回款速度明显放缓，结合前面盈利能力具体指数的分析，2018年下半年销售规模的下降导致盈利能力下降，进而影响了应收款的去化速度。

3. 固定资产周转率定基指数呈现前低后快速升高的趋势

固定资产周转率定基指数2013年到2015年三季度呈现下降趋势，低于2012年基期水平，2015年三季度后小幅回升，2016年四季度基本接近基期水平，而后的2年里快速上升，固定资产周转速度明显加快，另一方面也表明服装业对固定资产的投资不积极，并未随着销售的回暖主动追加固定资产投资。

（三）服装业定基偿债能力指数波动特征分析

影响服装业定基偿债能力的4项具体指标指数变动趋势如图4-6所示。其中流动比率、速动比率、现金比率是反映企业及行业短期偿债能力的3项主要指标，资产权益率是反映企业及行业长期偿债能力的主要指标。

1. 资产权益率定基指数持续小幅下降，呈现一直加杠杆的趋势

2012年以来，反映企业长期偿债能力的资产权益率定基指数一路下滑，2016年一季度下滑到最近几年的最低点后，随后一年有所反弹，但2017年二季度之后又开始下降，到2018年四季度该指数较基期下降了20%。这说明服装上市公司在中国经济进入新常态后仍然有实力加杠杆，获得外部融资的支持，另外也说明产业进入成熟期之后，权益资本缺乏动力继续投入，更愿意

选择利用外部资金维持经营上的资金周转，将产业不确定风险留给外部资金，将加杠杆获得的利润留给权益资本。但长期持续的加杠杆，必然会堆积产业财务风险，部分债务比重过大的企业承受市场波动风险的能力会变弱，进而可能导致企业破产。

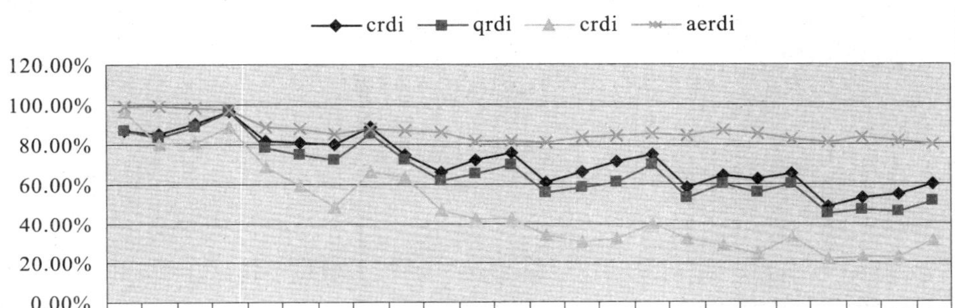

	13q1	13q2	13q3	13q4	14q1	14q2	14q3	14q4	15q1	15q2	15q3	15q4
crdi	86.8%	85.2%	90.1%	96.5%	81.3%	80.5%	79.6%	88.3%	74.4%	66.0%	72.3%	75.8%
qrdi	87.2%	83.6%	88.4%	96.2%	77.8%	75.2%	71.7%	85.1%	72.3%	61.6%	65.1%	69.7%
crdi	96.8%	79.9%	81.2%	88.6%	68.4%	58.9%	48.7%	65.9%	63.1%	46.6%	42.7%	42.3%
aerdi	99.2%	98.8%	98.3%	97.0%	88.9%	88.2%	85.4%	87.6%	87.3%	85.6%	81.7%	81.5%

	16q1	16q2	16q3	16q4	17q1	17q2	17q3	17q4	18q1	18q2	18q3	18q4
crdi	61.0%	66.2%	71.2%	74.5%	58.2%	64.4%	62.2%	64.8%	48.4%	53.1%	55.1%	59.6%
qrdi	55.6%	58.2%	61.0%	69.9%	53.4%	59.6%	55.3%	60.2%	44.8%	46.7%	45.7%	51.0%
crdi	34.0%	30.1%	31.7%	39.8%	32.5%	28.9%	24.0%	32.9%	21.3%	22.6%	22.3%	31.0%
aerdi	81.0%	83.4%	84.3%	85.6%	84.2%	87.1%	85.5%	82.2%	81.1%	83.0%	82.0%	79.6%

注：crdi—流动比率定基指数；qrdi—速动比率定基指数；crdi—现金比率定基指数；aerdi—资产权益率定基指数

图4-6　服装业定基偿债能力具体指标指数变动趋势图

2. 反映企业短期偿债能力的 3 项指标定基指数均持续快速下降

2012 年以来反映企业短期偿债能力的流动比率、速动比率、现金比率定基指数均呈现大幅波动下滑的趋势，特别是现金比率定基指数，下滑得更为厉害。这 3 项反映企业短期偿债能力的指数较基期快速下降，一方面表明服装上市企业利用无息或低息商业信贷资金发展自己生意的能力很强，显示出了这一企业群体在服装产业链中具有较强的竞争地位；另一方面也反映了以服装业上市公司为龙头的整个供应链资金非常紧张，特别是现金偿付流动负债的能力最近几年持续快速恶化，经营现金流比较紧张，要警惕产业短期流动性风险。

（四）服装业定基发展能力指数波动特征分析

影响服装业定基发展能力的 3 项具体指标指数变动趋势如图 4-7 所示。

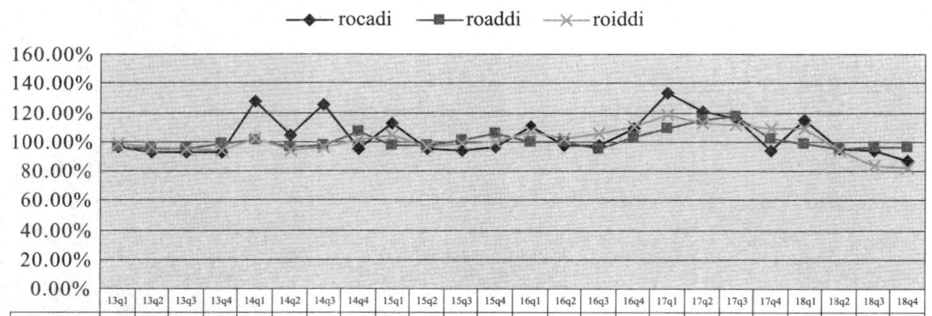

	13q1	13q2	13q3	13q4	14q1	14q2	14q3	14q4	15q1	15q2	15q3	15q4
rocadi	96.09%	92.80%	93.09%	92.66%	127.66%	104.55%	124.67%	94.59%	112.68%	94.90%	94.31%	96.10%
roaddi	95.92%	94.57%	95.22%	98.72%	100.73%	96.75%	97.79%	107.14%	97.11%	97.64%	100.35%	105.90%
roiddi	98.28%	95.93%	95.25%	94.30%	101.50%	93.47%	95.68%	100.79%	104.48%	96.72%	98.81%	100.08%

	16q1	16q2	16q3	16q4	17q1	17q2	17q3	17q4	18q1	18q2	18q3	18q4
rocadi	110.12%	97.09%	96.90%	108.99%	133.77%	120.91%	115.70%	93.73%	115.33%	94.61%	93.67%	86.45%
roaddi	100.14%	99.40%	95.27%	103.48%	109.37%	114.44%	117.39%	101.67%	98.99%	95.61%	96.44%	95.94%
roiddi	106.88%	102.30%	105.85%	109.77%	117.81%	112.85%	111.83%	109.38%	108.90%	93.65%	83.08%	81.86%

注：rocadi—资本保值增值率定基指数；roaddi—总资产发展速度定基指数；roiddi—营业总收入发展速度定基指数

图4-7　服装业定基发展能力具体指标指数变动趋势图

1. 营业收入和总资产发展速度定基指数变化趋同，呈现前窄后宽的波动趋势

2012 ～ 2016 年三季度营业收入发展速度和总资产发展速度定基指数变化趋势基本一致，两个指数均围绕基期 100% 的水平窄幅波动，可见服装业营业收入和总资产增速基本和 2012 年的速度保持一致，并未出现明显的上涨或下降趋势，产业发展相对稳定。但 2016 年三季度以后，营业收入和总资产发展速度定基指数呈现先上升后下降宽幅波动的趋势，2018 年三季度～四季度总资产发展速度回落到基期 2012 年的水平，营业收入发展速度较基期下降了 18%。可见，服装业进入成熟期之后，受外部宏观经济环境的影响更大，产业发展的不确定性因素增多。

2. 资本保值增值率定基指数围绕基期值上下波动

资本保值增值率定基指数最近 7 年围绕基期值 100% 上下徘徊，2016 年三季度～2017 年三季度出现了一段持续的大幅上升的行情，平均涨幅接近 20%。但随后快速下滑，2018 年四季度该指数较基期下降了 14%。服装业权益资本投资有收缩的趋势，这也是产业进入成熟期之后，权益资本在看不到未来投资机会的普遍选择，若资本保值增值率定基指数持续下降，对服装业长期可持续发展非常不利。

第三节　基于ARMA的服装业财务绩效指数波动趋势预测

一、ARMA 模型概述

ARMA 模型全称为自回归移动平均模型（Auto-regressive Moving Average Model，简称 ARMA），是由 Box 和 Jenkins 于 20 世纪 70 年代初提出的著名时间序列预测方法，又称为 Box-Jenkins 模型、博克思 - 詹金斯法。ARMA 模型有自回归模型 AR（q）、移动平均模型 MR（q）、自回归移动平均模型 ARMA（p，q）3 种基本类型。其中 ARMA（p，q）自回归移动平均模型，模型可表示为：

$$x_t = c + \phi_1 x_{t-1} + \phi_2 x_{t-2} + \cdots + \phi_p x_{t-p} + \varepsilon_t + \theta_1 \varepsilon_{t-1} + \theta_2 \varepsilon_{t-2} + \cdots + \theta_q \varepsilon_{t-q}$$

其中，p 为自回归模型的阶数，q 为移动平均模型的阶数；

x_t 表示时间序列 $\{x_t\}$ 在时刻 t 的值；

ϕ_t（i=1, 2⋯, p）为自回归系数；

ε_t 表示时间序列｛x_t｝在时期 t 的误差或偏差；

θ_t（j=1, 2, …, q）表示移动平均数。

二、ARMA模型的建立与预测

（一）时间序列平稳性分析

结合 ARMA 模型的使用条件，选用 2012 年一季度～ 2018 年四季度服装业同比综合财务绩效指数进行研究。服装业同比综合财务绩效指数近 7 年来的具体数据参见表 3-13，变化趋势参见图 4-1。对 7 年来服装业同比综合财务绩效指数做 ADF 序列平稳性检验。检验结果如图 4-8 所示，检验 t 统计量值为 −4.0011，比显著性水平 1% 的临界值还小，因此可以拒绝原假设，服装业同比综合财务绩效指数时间序列不存在单位根，为平稳性时间序列。

Null Hypothesis: FINANI has a unit root
Exogenous: Constant
Lag Length: 3 (Automatic - based on SIC, maxlag=5)

		t-Statistic	Prob.*
Augmented Dickey-Fuller test statistic		-4.001136	0.0066
Test critical values:	1% level	-3.808546	
	5% level	-3.020686	
	10% level	-2.650413	

*MacKinnon (1996) one-sided p-values.

图4-8 服装业同比综合财务绩效指数ADF检验

（二）ARMA模型的识别与构建

用 Eviews 软件得到服装业同比综合财务绩效指数时间序列的自相关及偏相关函数图（图 4-9）。根据图 4-9 判定，自相关和偏相关系数在滞后期 $k \geqslant 5$ 时均在随机区间内，具有 ARMA 模型的特征，可以对服装业同比综合财务绩效指数时间序列建立 ARMA 模型。

采用 Akaike 提出的 AIC 准则和 Schwartz 提出的 SC 准则，对服装业同比综合财务绩效指数时间序列的 ARMA 模型进行逐步比较定阶，最终确定的较为理想的 ARMA 模型回归分析结果如图 4-10 所示。当 R^2 达到最大值（R^2=0.787601），AIC 与 SC 的一组值达到最小值（AIC=-3.407611，SC=-3.108892），确定服装业同比综合财务绩效指数时间序列适应 ARMA（4，0，1）模型。

Sample: 2013Q1 2018Q4
Included observations: 24

Lag	AC	PAC	Q-Stat	Prob
1	0.603	0.603	9.8595	0.002
2	0.219	-0.228	11.214	0.004
3	-0.112	-0.227	11.589	0.009
4	-0.509	-0.493	19.676	0.001
5	-0.516	0.093	28.408	0.000
6	-0.432	-0.197	34.876	0.000
7	-0.288	-0.088	37.917	0.000
8	-0.063	-0.223	38.070	0.000
9	0.093	-0.018	38.432	0.000
10	0.276	0.082	41.826	0.000
11	0.384	0.090	48.898	0.000
12	0.364	0.026	55.801	0.000

图4-9　服装业同比综合财务绩效指数自相关及偏相关分析图

Dependent Variable: FINANI
Method: Least Squares
Date: 08/02/19 Time: 11:22
Sample (adjusted): 2014Q1 2018Q4
Included observations: 20 after adjustments
Convergence achieved after 7 iterations
MA Backcast: 2013Q4

Variable	Coefficient	Std. Error	t-Statistic	Prob.
C	0.981464	0.015812	62.07223	0.0000
AR(1)	0.268690	0.189182	1.420274	0.1774
AR(2)	0.189230	0.181809	1.040816	0.3156
AR(3)	0.115446	0.185780	0.621412	0.5443
AR(4)	-0.652156	0.180419	-3.614665	0.0028
MA(1)	0.928336	0.037775	24.57531	0.0000

R-squared	0.787601	Mean dependent var	0.985900
Adjusted R-squared	0.711744	S.D. dependent var	0.072624
S.E. of regression	0.038992	Akaike info criterion	-3.407611
Sum squared resid	0.021285	Schwarz criterion	-3.108892
Log likelihood	40.07611	Hannan-Quinn criter.	-3.349298
F-statistic	10.38271	Durbin-Watson stat	2.105317
Prob(F-statistic)	0.000255		

Inverted AR Roots	.74+.54i	.74-.54i	-.61-.63i	-.61+.63i
Inverted MA Roots	-.93			

图4-10　服装业同比综合财务绩效指数ARMA（4，0，1）建模回归结果

服装业同比综合财务绩效指数的 ARMA（4,0,1）模型，构建结果如下所示：

$$x_t=0.981464+0.268690x_{t-1}+0.189230x_{t-2}+0.115446x_{t-3}-0.652156x_{t-4}+\varepsilon_t+0.928336\varepsilon_{t-1}$$

其中 x_t 表示服装业同比综合财务绩效指数时间序列在时刻 t 的值；

ε_t 表示时间序列｛服装业同比综合财务绩效指数 x_t｝在时期 t 的误差项。

（三）ARMA模型适应性检验

对 ARMA（4，0，1）模型的适应性检验，即对模型的残差序列进行相关性检验。本文采用 LM 检验方法对残差序列的自相关性进行检验，LM 检验的原假设是残差序列不具有序列相关性，用于检验的两个统计量分别是 F 统计量和 R^2 统计量，当这两个统计量的计算结果非常大，相伴概率 p 非常高时，则不能拒绝原假设。本书构建的服装业同比综合财务绩效指数的 ARMA（4，0，1）模型的残差序列相关性检验结果如图 4-11 所示。检验残差序列相关性的 F 统计量为 1.649859，其伴随概率为 0.2371，LM 检验结果支持原假设，残差序列不具有序列相关性，说明模型的适应性强，能够用于预测。

Breusch-Godfrey Serial Correlation LM Test:

F-statistic	1.649859	Prob. F(4,10)	0.2371
Obs*R-squared	7.951368	Prob. Chi-Square(4)	0.0934

Test Equation:
Dependent Variable: RESID
Method: Least Squares
Date: 08/02/19 Time: 11:31
Sample: 2014Q1 2018Q4
Included observations: 20
Presample missing value lagged residuals set to zero.

Variable	Coefficient	Std. Error	t-Statistic	Prob.
C	0.006605	0.015607	0.423201	0.6811
AR(1)	0.487224	0.272226	1.789775	0.1038
AR(2)	-0.003441	0.235881	-0.014586	0.9886
AR(3)	0.160945	0.222817	0.722317	0.4866
AR(4)	0.012132	0.210140	0.057733	0.9551
MA(1)	0.040091	0.038659	1.037024	0.3242
RESID(-1)	-0.870269	0.464890	-1.871990	0.0907
RESID(-2)	-0.188731	0.461757	-0.408725	0.6914
RESID(-3)	-0.809486	0.455208	-1.778275	0.1057
RESID(-4)	-0.308732	0.420947	-0.733422	0.4801

R-squared	0.397568	Mean dependent var	5.16E-05
Adjusted R-squared	-0.144620	S.D. dependent var	0.033470
S.E. of regression	0.035809	Akaike info criterion	-3.514395
Sum squared resid	0.012823	Schwarz criterion	-3.016529
Log likelihood	45.14395	Hannan-Quinn criter.	-3.417206
F-statistic	0.733266	Durbin-Watson stat	2.059920
Prob(F-statistic)	0.674140		

图4-11　ARMA（4，0，1）模型残差序列相关性LM检验结果

（四）ARMA模型的预测与评价

对服装业同比综合财务绩效指数 x_t 作出 2014 年一季度～ 2019 年四季度的检验预测，采用 Eviews 软件中的 Static Forecast 方法进行预测，其结果如图 4-12 所示。从图 4-12 中可以看到，Theil 不等系数（Theil inequality coefficient）为 0.025261，该系数是衡量模型预测能力的一个指标，Theil 不等系数值在 0 ～ 1 徘徊，一般来说，Theil 越接近 0，表明模型的预测能力越好。衡量模型预测能力的另外两个指标方差比率（Variance Proportion）和协方差比率（Covariance Proportion）分别为 0.6856 和 0.3138，这两个比率均在 0.3 ～ 0.8，可见，预测模型拟合效果比较理想。

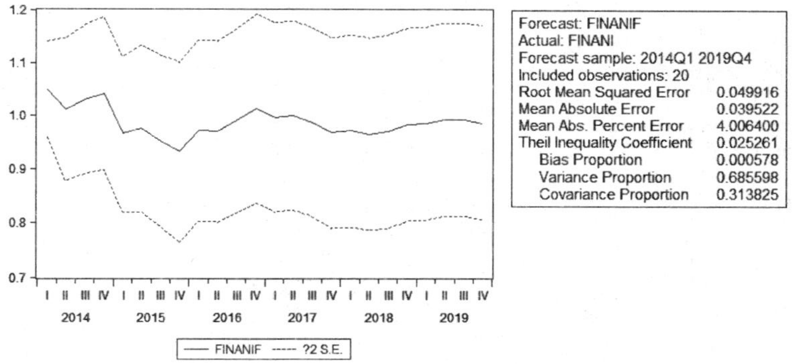

图4-12 基于ARMA（4，0，1）模型的服装业同比综合财务绩效指数预测结果

利用 ARMA（4，0，1）模型，对 2014 年一季度～ 2017 年四季度服装业同比综合财务绩效指数进行预测精度分析，结果见表 4-2 所示。从 2014 年到 2017 年的预测值和真实值的误差百分比来看，预测误差率大多数时候基本维持在 5% 左右，但值得注意的是，2014 年一～二季度、2017 年二季度、2018 年三～四季度这几个季度服装业同比综合财务绩效指数的实际值与预测值偏差有所增大。这意味着影响服装业产业发展及财务活动的外部因素有突然性的变化。比如 2014 年上半年货币供应量增大，利率降低，导致企业贷款猛增，企业规模急剧膨胀，权益资本获利能力明显提升。又如 2017 年是供给侧结构性改革的收获之年，经过一年多去库存、去产能的调整，市场供求关系得到恢复，服装价格上涨明显，企业获利能力普遍增强，经济出现繁荣甚至过热的势头，货币政策开始趋紧，服装业普遍选择去杠杆，偿债能力有所提高，有效提升了 2017 年的财务绩效。可见宏观经济环境和政府政策的突然调整，会导致该模型的预测误差率有所上升。

表4–2　2014～2017年服装业同比综合财务绩效指数序列实际值和预测值及对比

年份	真实值	预测值	误差值	误差百分比
2014Q1	112.8%	105.0%	−0.0786	−6.96%
2014Q2	109.2%	101.1%	−0.0809	−7.41%
2014Q3	103.9%	103.1%	−0.0088	−0.84%
2014Q4	106.1%	104.2%	−0.0193	−1.82%
2015Q1	92.5%	96.6%	0.0409	4.43%
2015Q2	92.5%	97.5%	0.0502	5.43%
2015Q3	93.5%	95.2%	0.0168	1.80%
2015Q4	91.9%	93.1%	0.0124	1.35%
2016Q1	95.6%	97.2%	0.0161	1.68%
2016Q2	96.1%	97.0%	0.0086	0.90%
2016Q3	98.8%	99.0%	0.0023	0.24%
2016Q4	101.4%	101.3%	−0.0004	−0.04%
2017Q1	105.4%	99.7%	−0.0576	−5.46%
2017Q2	107.8%	100.0%	−0.0784	−7.27%
2017Q3	104.8%	98.7%	−0.0603	−5.76%
2017Q4	96.4%	96.7%	0.0040	0.41%
2018Q1	93.9%	97.1%	0.0316	3.37%

续表

年份	真实值	预测值	误差值	误差百分比
2018Q2	91.2%	96.5%	0.0526	5.77%
2018Q3	89.0%	97.0%	0.0798	8.97%
2018Q4	89.0%	98.3%	0.0931	10.46%
2019Q1		98.4%		
2019Q2		99.2%		
2019Q3		99.3%		
2019Q4		98.6%		

假设未来服装业上市公司所面临的产业政策和经济环境与观察期（2014～2018年）变化不大，利用该模型进行预测的结果就会比较接近真实值。在这样的假设前提下，基于ARMA（4，0，1）模型，对2019年服装业同比综合财务绩效指数进行了外推预测，如表4-2所示，2019年一～三季度同比综合财务绩效指数呈现小幅上升的趋势，2019年四季度有可能会出现回调，下探到98.6%。较2018年同期相比，下降幅度非常微小，综合预测结果来看，2019年服装业综合财务绩效基本能保持在2018年的水平，不在会出现大幅震荡下行的趋势。但从中长期来看，服装业同比综合财务绩效指数在100%以下的季度明显多于在100%以上的季度，服装业综合财务绩效持续下行的趋势十分明显。可见，进入新常态以来，服装业上市公司财务状况呈现“L”形筑底趋势，短期受政策和金融环境波动影响较大，长期处于弱势发展格局，没有明显的止跌反弹拉升的趋势。

第四节 本章小结

本章首先对17个具体财务指标最近7年的数据分布特征做了描述性统计分析，分析结果表明服装业在企业营业收入增速、总资产增速方面波动幅度大，在资本保值增值率、资产负债率和流动比率方面波动幅度小，说明中国经济新常态下，服装业上市公司之间在发展能力上呈现出巨大差异，两极分化明显，少数规模大、知名度高的企业带动行业快速增长，多数企业则呈现出增长乏力的局面，行业融资结构并未随着增长能力的剧烈变化而有所改变，股权融资增速稳定，行业呈现比较保守的融资结构。其次，定性分析了服装业上市公司综合财务绩效指数和定基财务绩效指数的波动特征，然后利用计量经济学中的自回归移动平均法，构建了ARMA（4，0，1）模型，用来分析和预测服装业同比综合财务绩效指数的波动规律及未来走势。研究结果表明，服装业当前和今后一段时间，财务状况弱势发展的格局不会改变，应密切关注偿债能力指数和盈利能力指数两类指数之间的相关关系，结合产业发展状况和宏观经济环境，进行更为精准的动态财务绩效管理工作。

第五章 经济波动对服装业财务绩效波动的影响分析

宏观经济波动是影响产业发展和企业财务状况的“天时”，要想更早、更准确地预判企业财务绩效的变化，就必须理清楚宏观经济波动、产业波动和企业财务绩效波动之间的动态关系，从理论上澄清宏观、中观、微观经济层面的波动冲击和传导机理。然后再运用经济计量学的方法，研究不同经济层面的观测变量的互动关系，方能跳出企业自身经济系统，从更高的层面看清楚影响企业财务绩效的深层次因素，做到知易而不卜。

第一节 理论分析与文献回顾

一、宏观经济周期

经济周期是经济活动沿着经济发展的总体趋势所经历的有规律的扩张和收缩。可以说，经济周期是市场导向型经济体固有的特征。当宏观经济周期的波动通过传导机制传递到产业和企业层面，就形成了产业波动和企业的财务波动。

（一）经济周期的驱动因素

经济周期是市场经济的固有特征，经济学中对宏观经济周期现象有长期而广泛的研究。古典主义、凯恩斯主义、货币主义、新古典主义和新凯恩斯主义等流派，都对经济周期波动产生的原因进行了解释。本书站在会计学角度，对经济周期的驱动因素进行了梳理，认为经济周期的驱动因素主要有五个：货币、资产、房地产建造、资本性支出和存货。

货币驱动：利息支付是货币环境的一个重要表征，从各国平均水平来看，利息支付的总水平约占 GDP 的 3.6% ～ 5%。利息支出的水平也会带来同样的利息收入，但货币引起经济周期波动的最为主要的原因是利率能增加储蓄，从而带来了消费和投资的减少，这必然会造成经济增长的放缓，从而引发经济周期波动。

资产价格驱动：资产分为固定价格资产和可变价格资产，固定价格的资产有现金、银行存款等，可变价格的资产有房地产、股票等。全球可变价格资产的价值总额高达 GDP 的 400% ～ 500%。我们按资产价格的财富效应占总资产价值变化的 4% 来说明资产价格是如何引发经济周期波动的。假设在经济繁荣的第四年，资产价格上涨达到了 GDP 的 600%，若资产价格在一段时期后出现下跌，下跌幅度为 GDP 的 200%，即资产价格下跌 1/3，那么此时 GDP 的实际增长将会损失 200%×4%=8%，也就是说 4 年的年均增长率只有 2%。而在经济周期出现下滑时，资产价格下跌的幅度远远超过 1/3，如果资产价格出现严重泡沫，若资产价格上涨到 GDP 的 700%，而后下跌到 200%，那么资产价值的缩水量为 GDP 的 500%，此时经济将面临 GDP 的 20% 的损失。由此可见，资产价格下跌的财富效应是相当显著的，资产价格大幅下跌（如房地产价格下跌和股票市场下跌），必然带来经济的大幅下滑。

房地产建造驱动：房地产属于可变价格资产，其财富效应显著。因此，若在经济繁荣时大肆进行房地产开发建造，那么在价格下跌时因财富效应引发的经济周期的波动也是巨大的。

资本性支出驱动：这里的资本性支出，是指在机器与设备方面的投资，而不是在建筑方面的投资。假设资本性支出在巅峰时期上涨到 GDP 的 130%，而后随着资本性支出周期下跌到 60%，那么此时资产价值下跌的部分（GDP 的 70%）乘以财富效应 4% 将会使 GDP 减少 2.8%。资本性支出通常与创新相联系，而且每一次大的资本性支出浪潮都存在于某个独特的、领导性的产业部门。比如 20 世纪 90 年代的互联网泡沫。因此，资本性支出会引发行业周期波动和宏观经济的波动。

存货驱动：通常情况下，存货总量的波动比最终需求量的波动要大得多。存货总量一般大约占 GDP 的 6%，如果存货订单减少 1/3，那么存货价值的下降部分（2%）带来的财富效应会使 GDP 损失 0.08%，这显然并不可怕。但是存货开始调整的时候，资产价格可能会出现下降，此时，经济就会走向下行通道。因此，存货的波动也会带来经济周期的波动。

（二）经济周期的基本类型

根据经济周期频率、幅度和持续时间的不同，常见的经济周期有三种类型：存货周期、资本性支出周期和房地产周期。

存货周期又称基钦周期，是基钦根据美国和英国 1890 ～ 1922 年的利率、物价、生产和就业等统计资料，从厂商生产过多时就会形成存货、从而减少生产的现象出发，把这种短期调整称为"存货"周期。在存货周期下，存货是驱动经济周期形成的关键因素，低存货量迫使企业增加订购量，这将造成产品产量增加，这意味着更大的销售量，最终会因产品供过于求而削减产量，存货会逐步地减少，这种存货数量的调整过程称为"存货"周期。通常情况下，每一次存货周期的持续时间为 4.5 年。

资本性支出周期又称朱格拉周期，法国经济学家朱格拉于 1862 年出版了《法国、英国及美国的商业危机及其周期》一书中，提出了资本主义经济存在着 9 ～ 10 年的周期波动，把这种周期波动称为朱格拉周期。在资本性支出周期下，资本性支出是驱动经济周期的主要原因，企业在扩张成熟期时会扩建产能，产能的扩张会使经济繁荣，创造更多的产品，产能利用率会逐步提高，企业获得的收益也会随之增加，当企业拥有充足的现金流时，越来越多的企业会倾向对未来进行投资，企业会进行研发或投资在新的产能上，优秀的大企业为获得市场占有率也可能会出现收购和兼并的浪潮，这些都会使得经济在总体上的表现非常良好，但一些不可再生资源会由于需求上涨而提高产品价格，随之原材料的成本价格上涨，随着需求高涨而来的是市场供应紧张，企业的供给开始落后，耗竭现象慢慢突显，于是银行会提高利率，企业开始收缩投资，产能开始过剩，存货囤积，资本性支出最终出现崩溃。通常情况下，每一次资本性支出周期的持续时间为 9 年，每个资本性支出周期中包含两个存货周期。

房地产周期又称库兹涅茨周期，是 1930 年美国经济学家库涅茨提出的一种为期 15 ～ 25 年，平均长度为 20 年左右的经济周期。由于该周期主要是以建筑业的兴旺和衰落这一周期性波动现象为标志加以划分的，所以也被称为“建筑周期”。在房地产周期的扩张期，房地产供应紧张，这意味着房地产的租金和销售价格会稳定的上涨，房地产行业的收益明显大于银行利率，精明的房地产开发商会将储备中的建设项目上马，更多的开发项目会动工，房地产交易也会变得活跃，一些人买房子的目的是获取“低买贵卖”的收益，另一部分人是担心房价上涨之后更负担不起，房地产的繁荣会带动经济的总体增长，随之相关的建筑业、钢铁等产业需求也开始扩大，企业会加大投资以扩建产能，资本性支出周期开始出现。而当房地产价格过高，房地产行业建设严重过剩，产能超过了需求，消费者支出也超过了限度，通货膨胀严重时，银行会提高利率，政府出面对房地产行业进行干预，于是，经济进入下降通道，债务紧缩、公司业绩下滑，产业产能过剩，经济进入大萧条。通常情况下，每一次房地产周期的持续时间为 18 年，每个房地产周期包含两个资本性支出周期，四个存货周期。

二、宏观经济周期与产业波动

当经济周期的长波通过传导机制反映到产业层面，就形成了产业周期。经济周期波动的传导机制研究的是当一个经济体系受到冲击时，经济体系会通过何种形式在来影响经济活动，即经济体系应对经济波动的扩散过程。经济周期波动与产业波动的传导机制主要有以下几种：“收入—消费机制”“利率—投资机制”“技术—结构导向机制”和“国际贸易—国际金融机制”。

收入—消费机制：根据凯恩斯的消费理论，消费和收入存在相关关系。因而，一国或地区收入结构变动不仅会从宏观上导致不同消费者群体的出现，而且还将从微观层面上引起不同的消费者的需求在不同时段发生变动，消费结构的变动势必会引起不同行业部门的投资和生产决策发生相应变化，并最终导致产业结构变动，形成产业波动。

利率—投资机制：经济周期性扩张与收缩会影响投资周期，尤其是固定资产投资周期。投资周期引发产业周期波动主要是通过利率的变动对部门投资结构产生影响来实现的。在开放的市场经济条件下，银行信贷是投资资金的重要来源，利率的高低是影响投资规模和投资结构的重要因素。资金构成的不同将会带来投资成本的相对差异，而利率的波动则会带来宏观三次产业及其细分行业的投资结构变动。通常，当经济萧条时，资金供给相对紧张，货币需求亦不足，利率较为疲软，而较低的利率有利于资本有机构成高的部门的投资，这些部门投资的增加将带来预期产值的增加，从而推动经济周期步入复苏期；当经济繁荣时，利率升高，这样不利于资本有机构成高的部门的投资，而资本有机构成相对低的部门的投资环境开始好转，从而轻工业部门投资比重逐步提高，并因此而改变了轻重工业结构比重，甚至使整个产业结构发生根本性变化，产业出现周期性波动。

技术—结构导向机制：新技术是经济繁荣的触发器（斯皮索夫），在此基础上，熊彼特提出：创新的蜂聚解释了经济周期。因此，技术已成为一种具有革命性的内在动力机制。一方面技术关联的改变带来产业的关联变动，另一方面技术结构是决定产业结构的关键因素，同时，技术进步的周期也决定着主导产业的兴衰与更迭。可见，技术机制在我国经济周期波动与产业结构的主导产业变迁中同样发挥着不可或缺的作用。

国际贸易—国际金融机制：在开放的市场经济条件下，新的国际分工体系正由"产业间分工→产业内分工→产品内分工或价值链分工"演变。在此情况下，各国都不可避免地通过各种方式参与了全球的国际分工，而国际贸易和国际金融作为联结各国经济的基本桥梁和纽带，各国在不同程度上都会成为商品的供给者和需求者。

我们先以国际商品贸易的进出口波动来分析经济周期波动与产业结构变动的传导机制。随着经济全球化的步伐加快，当世界经济处于上升和扩张期时，世界各国对中国劳动密集型产品的需求会上升，我国劳动密集型产业的商品出口会增加，劳动力就业人员也随之增加，这必然会引起中国劳动密集型产业和非劳动密集型产业的部门结构变动；而当世界经济处于下降和收缩期时，世界各国对中国劳动密集型产品的需求会萎缩，我国劳动密集型产业的商品出口会减少，劳动力就业人员也随之下降，这也会引起中国劳动密集型产业和非劳动密集型产业的部门结构变动，从而引发产业波动。

再从国际金融机制视角，分析世界经济的周期性波动是如何影响我国产业结构变动的。当世界经济处于下降和收缩期时，国际资本流动进入中国的步伐放缓，人民币汇率贬值压力增大，世界各国对中国劳动力密集型产业的商品需求会减少，中国劳动密集型产业的商品出口大幅减少，劳动力就业人员也出现锐减，并以此引起中国劳动密集型产业与非劳动密集型产业部门结构变动；反之，当世界经济处于上升和扩张期时，国际资本大量地流入中国，人民币币值会趋于稳定，世界各国对中国劳动力密集型产业的商品需求会上升，中国劳动密集型产业的商品出口将增加，劳动力就业人员也随之增加，中国劳动密集型产业与非劳动密集型产业就会出现部门结构变动。

由此可见，经济周期波动与产业结构变动之间存在关联机制，当宏观经济出现周期性波动时，会通过不同的传导机制传递到产业层面，从而带来产业结构变动，引发产业波动。

三、宏观经济周期与企业财务波动

企业财务存在周期性波动现象。本书认为，企业财务波动就是企业的财务指标随时间变化而交替出现的企业总体财务水平起伏波动、周期循环的经济现象。

当宏观经济出现周期性波动时，企业作为微观市场主体，其经济运行必然离不开大的宏观环境。而企业存在的最终目的就是给股东带来财富，净利润指标反映了企业经营的最终成果。净利润多，企业的经营效益就好，股东的财富得到了增值；净利润少，企业的经营效益就差，股东的财富会受到损失。本书采用量本利分析方法来说明企业追求"利润最大化"的过程，以此来研究宏观经济周期是如何影响企业财务状况，从而形成企业财务波动的。

所谓量本利分析法就是根据企业的产量（销售量）、成本（费用）和利润三者之间的关系分析企业盈亏的一种决策方法。量本利分析法下，企业的量、本、利之间存在这样的数量关系：

$$Z=C+V\times Q$$

$$I=P\times Q$$

$$R=I-Z=P\times Q-C-V\times Q=Q\times(P-V)-C$$

式中：Z——总成本

C——固定成本

I——销售额

Q——销售量

R——利润

P——产品单价

V——单位产品变动成本

因此，引起企业利润变化的因素有四个：销售量 Q、产品单价 P、单位产品的变动成本 V 和固定成本 C。

在金融危机冲击下，宏观经济进入下降通道，一方面市场上的有效需求减少，企业的存货会增加，厂商会缩减产量减少生产，销售量会出现一定程度的下滑；另一方面需求的减少带来企业之间竞争加剧，小企业在激烈的竞争中因亏损可能会减价销售，大企业为争夺市场份额可能引发价格战，产品的单价会降低；再次，如果企业的资产专用性强，固定成本所占比例高，会使得企业的成本居高不下，这都会导致企业的利润下降。利润的下降带来企业盈利能力下滑，普通股票的价格也会随之下跌；同时，利润的下降会使企业的偿债能力减弱，企业之间的结算关系和借贷关系也会出现恶化。总之，企业的经营业绩会受经济周期波动的影响出现滑坡。

当宏观经济处于上升扩张期时，市场上的需求增加，企业的产品销路畅通，产品具有提价空间，企业可能因规模效应而降低成本，此时，企业的盈利能力会上升，会计业绩和股票价格都会随之有所攀升，偿债能力增强，企业的经营业绩会因整体经济形势的好转而有所改善。因此，企业的财务状况也会出现周期性的波动。

综上所述，宏观经济周期波动、产业波动和企业财务波动的关系如图 5-1 所示。

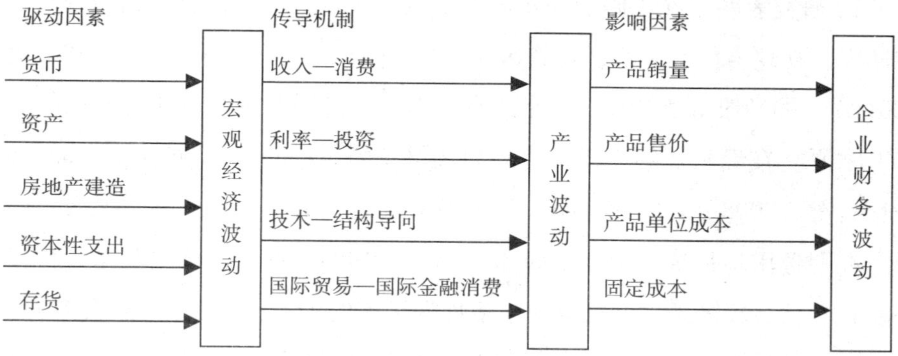

图5-1　宏观经济周期波动、产业波动和企业财务波动的关系图

在宏观经济中，当货币、资产、房地产建造、资本性支出和存货发生大幅度波动时，可能引发宏观经济周期波动，而宏观经济周期的波动通过不同的传导机制传递到产业层面，就形成了产业波动；同时，由于经济形势和产业的波动，因产品的销量、售价和成本因素，在微观层面上会造成企业的财务波动。当经济进入收缩期时，企业的经营目标就由正常时期的“利润最大化”转化为“负债最小化”，这也会对企业的财务状况造成影响。

因此，将经济周期波动、产业波动和企业财务波动三者有机结合在一起，从不同层面来选择合适的观测变量，探讨影响企业财务绩效波动的深层次原因，才能更客观、科学地预测企业财务绩效变化，科学指导企业投融资活动，防范财务危机的发生。

四、相关文献回顾

在学术界，已有较多文献探讨宏观经济对企业财务活动的影响，这些研究的主要理论观点是“经济波动将通过信贷渠道和货币渠道对企业各类财务行为产生影响”。在资本结构方面，卡雷思和利维（Korajczy & Levy，2003）、汉克巴斯等（Hackbarth et al.，2006）、苏冬蔚和曾海舰（2009）、于蔚等（2012）研究表明，在不同的经济周期阶段，企业资本结构有不同的表现与调整速度；在现金持有方面，安美达等（Almeida et al.，2004）、江龙和刘笑松（2011）、顾乃康等（2010）研究证明，不同经济周期阶段企业有不同的现金持有水平；在经营业绩方面，克雷恩和马奈特（Klein，2006 & Marquardt）、靳庆鲁等（2008）等研究证明，宏观经济发展水平与公司业绩呈显著正向关系。在财务困境形成方面，Cout 和 Radoff（1993）使用经济增长率、价格水平变化、社会经济条件和社会政治条件等维度的 15 个宏观经济变量进行因子分析，根据分析结果，选择其中的几个变量代表公因子，并运用这些变量的滞后值估计月度经营失败率，在加入了自回归项之后，发现银行部门的贷款总量和外国游客数量与经营失败率呈显著负相关。Pesaran 和 Hashem（2006）在莫顿信用风险模型下检验了宏观经济变量和企业财务困境风险的关系，研究发现股票指数、利率、通货膨胀率、石油价格和产出缺口对企业的财务状况有显著的影响。任惠光和班博（2007）选取反映财务状况、公司治理、经营效率及总体经济的 51 个变量，利用 DEA 数据包络分析法、Logit 模型和类神经网络模型并进行实证研究，结果表明消费物价指数、M1 增长率和 M2 增长率都是上市公司财务困境风险的显著影响因素。

上述这些研究定量化地展示了宏观经济与企业财务活动存在密切的联系，

但这些研究均把宏观经济变量视作外生变量，研究宏观经济因素对企业财务活动的某些方面的影响，比如资本结构、投资行为、现金持有等某一个方面，没有将两者作为内生变量统一在一个系统中，深入探讨宏观经济波动与企业综合财务绩效之间的互动影响关系。另外，对宏观经济研究选择的观测变量过少，主要集中在反映货币供给的利率、信用总量等指标和反映市场需求的GDP、物价等指标。

为了弥补当前学术研究的不足，黎春、赵德武、马永强（2018）将宏观经济和企业财务视为同一系统的两个方面，运用向量自回归模型（VAR）研究企业财务波动与宏观经济波动之间的交互影响关系。在宏观经济观测变量的选取方面，摒弃了常用的国内生产总值（GDP）、工业增加值等反映宏观经济状况的总量指标，而是选择了中国经济景气指数体系，这是因为观测企业财务绩效波动的财务指标都是反映企业内涵式发展的经营效益和效率的相对指标，因此，宏观经济观测变量也应当是相对指标，这样才能在形式上与企业财务指标相对等。目前中国企业景气指数是国家统计局基于 8 个行业调查的企业家信心指数，通过监控就业、居民收入、物价水平、股票价格指数、制造业产销、货币供应量等多个方面的指标综合变化情况，来反映宏观经济的周期性波动，显然，中国经济景气度指数比单一指标在监控宏观经济波动上更全面、更科学。在反映企业财务波动的变量选择方面，采用的是赵德武等（2012）提出了上市公司财务指数系统，该指数系统是以中国上市公司公开的财务报表数据为基础，对上市公司整体的财务信息以统计指数的形式予以提炼，动态、综合地反映中国上市公司各季度财务运行态势。黎春等人的实证研究结果表明，企业财务是宏观经济波动的微观基础，企业财务波动与经济景气之间存在丰富的交互影响关系，偿债能力指数、营运能力指数等具体财务指数具有类似宏观经济景气指数的作用，能对宏观经济起到监测预警效应。该文献为本文的研究奠定了坚实的理论基础，但该文献的目的是要论证反映企业财务波动的上市公司财务指数编制的有效性，及其对宏观经济景气的监测预警功能，希望未来能将上市公司财务指数纳入宏观景气指数系统，拓展企业财务微观研究在宏观经济层面的应用。而本文要研究的问题是宏观经济波动对服装业财务绩效波动的影响方式和影响程度，旨在从宏观层面建立监控变量更好地预测和管理服装业财务绩效波动，有效防范行业可能面临的宏观经济波动风险。因此，有必要在借鉴上述这些文献的思想和方法的基础上，构建动态量化模型，来挖掘宏观经济波动变量对服装业综合财务绩效的交互影响关系。

第二节　基于VAR的研究方法

一、VAR 理论

（一）VAR（Vector Autoregression）向量自回归模型基本内容

VAR 模型是基于数据的统计性质建立的模型，采用多方程联立的形式。在模型的每一个方程中，内生变量对模型的全部内生变量的滞后期进行回归，从而估计全部内生变量的动态关系。含有 p 个滞后期的 VAR 模型表示如下：

$$Y_t=\theta_1 Y_{t-1}+\theta_2 Y_{t-2}+\cdots+\theta_p Y_{t-p}+\varepsilon_t,\ t=1,\cdots,T$$

VAR 模型的基本原理是把系统中每一个内生变量作为系统中所有内生变量的滞后值的函数来构造模型，从而把单变量自回归模型推广到有多元时间序列变量所组成的“向量”自回归模型。使用 VAR 模型进行分析研究，首先需要对变量数据进行检验，如果数据通过了检验，需要使用统计方法确定模型的滞后阶数；数据通过了检验，确定滞后阶数后就可以使用统计软件进行估计，为了保证所估计出的模型是稳定的，需要对模型进行稳定性检验。如果模型通过了稳定性检验，则 VAR 模型的估计至此结束。但是，在实际应用中，由于 VAR 模型是一种非理论性模型，该模型不需要对变量做任何先验性约束，因此在分析 VAR 模型时一般不分析一个变量的变化如何对另一个变量产生影响，而是分析模型受到某种冲击时对系统的动态影响，即脉冲响应函数分析。脉冲响应分析是研究变量间动态影响关系的一种方法，而另一个评价 VAR 模型的方法是方差分解，VAR 的方差分解能够给出随机因素的相对重要性信息。

（二）数据平稳性检验

在建立 VAR 模型之前，首先需要对各个变量的平稳性进行检验，只有当各个变量都是平稳序列时，才能用来构建 VAR 模型。检验一个时间序列的平稳性，可通过检验 $\Delta x_t = a + \zeta x_{t-1} + \mu t$ 中的参数是否小于 0，假设 $H0:\zeta = 0$，$H1:\zeta \neq 0$。若假设 $H0$ 成立，则说明是非平稳序列，若假设 $H1$ 成立，则说明是平稳性序列。对于非平稳序列，需要对其进行平稳化处理，一般采用差分的方法。数据的平稳性检验一般采用 ADF 检验方法。

（三）VAR模型稳定性检验

VAR 模型的稳定性特征指当把一个脉动冲击施加在 VAR 模型中某一个方程的信息过程上时，随着时间推移，如果这个冲击会逐渐消失，系统是稳定的，否则系统是不稳定的。具体来说 VAR 模型稳定的条件是：VAR（p）模型是协方差平稳的，表现为特征方程的所有特征值都落在单位圆以内。

（四）VAR模型的分析方法

第一，脉冲响应函数方法。脉冲响应函数的基本思想描述的是在随机误差项上施加一个冲击后对内生变量的当期值和未来值所带来的影响。

第二，方差分解分析方法。脉冲响应分析是研究变量间动态影响关系的一种方法，而另一个评价 VAR 模型的方法是方差分解技术，VAR 的方差分解能够给出随机信息的相对重要性信息。如果说脉冲响应函数描述出一个内生变量的信息冲击对 VAR 模型中其他变量的影响，那么方差分解则将系统预测的均方误差分解成各变量冲击所带来的影响，可以刻画每个变量冲击的相对重要性。

二、Johansen协整检验和VEC模型估计

（一）Johansen协整检验

传统的计量回归估计要求涉及的变量为平稳序列变量，所以很多情况下，如果遇到非平稳的时间序列变量影响，我们倾向将非平稳的序列先进行去除趋势或者差分的处理，从而将非平稳序列转换为平稳序列，然后再进行其他分析。但是对于多个非平稳时间序列，有一种特殊的情况，即几个非平稳时间序列变量的线性组合形成的变量是平稳变量。在这种情况下，研究者通常称非平稳时间序列存在协整关系。如果几个变量存在协整关系，那么说明这几个变量存在长期关系。

在多个变量协整关系的分析中，最常用的是 Johansen 协整检验方法。Johansen 协整检验第一步也是最重要的一步，就是检验协整关系的个数。在检验协整关系个数的同时，又会获得协整矢量的估计结果（即协整矢量估计值）。

Johansen 协整检验是考察变量间长期均衡关系的方法。如果基于单位根检验的结果发现变量之间是同阶单整的，那么我们可以进行协整检验，协整的要求或前提是同阶单整。如果变量通过了协整检验，就说明变量之间存在着长期稳定的均衡关系，其方程回归残差是平稳的，因此可以在此基础上直接对原方程进行回归，而此时的回归结果是较精确的。

（二）VEC模型估计

考虑到 VAR 模型仅适用于分析变量间存在的短期关系，而大多数经济变量之间既存在短期波动也存在长期影响关系。为此，Engle 和 Granger 将协整

与误差修正模型结合起来，建立了向量误差修正模型（Vector Error Correction Model，VECM），并应用于具有协整关系的非平稳时间序列建模。因此，可以认为 VEC 模型是含有协整约束的 VAR 模型，用公式表示为：

$$\Delta Y_t = aECM_{t-1} + A_1\Delta Y_{t-1} + A_2\Delta Y_{t-2} + \cdots + A_p\Delta Y_{t-p} + \varepsilon_t,\ t=1, \cdots, T$$

其中，ECM 表示根据协整方程计算的误差修正项，误差修正项反映了变量之间偏离长期均衡关系的非均衡误差，而误差修正项前面的系数就是调整参数，用于反应变量当期的变化回归到长期均衡关系或者消除非均衡误差的速度。

第三节　经济波动影响服装业财务绩效指数波动的实证分析

一、变量选择

（一）经济波动变量的选择

本书要研究宏观经济波动对服装业财务绩效指数波动的动态影响情况，由于财务绩效指标是反映服装业财务发展状况的质量指标，因此，在选择宏观经济波动观测变量时，借鉴黎春等人（2018）的研究思路，选择用中国宏观经济景气指数作为研究变量。国家统计局中国经济景气监测中心发布的中国经济景气指数并不是一项单独的指标，而是由四个不同类型的指数组成，能够从不同方面预测和反映对未来一段时间内中国宏观经济波动的周期变化情况。中国宏观经济景气指数包括：预警指数、一致指数、先行指数、滞后指数。每一个指数都是由多个指标加权汇总形成的综合指数，中国宏观经济景气指数的具体指标内容如表 5-1 所示。

表5-1　中国宏观经济景气指数的指标内容

指数名称	指标体系内容
先行指数	恒生内地流通股指数、产品销售率、货币供应量 M2、新开工项目、物流指数、房地产开发投资先行指数、消费者预期指数、国债利率差
一致指数	工业生产指数、工业从业人员数、社会收入（国家税收、企业利润、居民收入）指数、社会需求（投资、消费、净出口）指数
滞后指数	财政支出、工商业贷款、居民储蓄、居民消费价格指数、工业企业产成品资金
预警指标	工业生产指数、固定资产投资、消费品零售总额、进出口总额、财政收入、工业企业利润、居民可支配收入、金融机构各项贷款、货币供应 M2、居民消费价格指数

资料来源：中国经济景气监测中心网站（http：//www.cemac.org.cn）

中国宏观经济景气指数体系中的先行指数是由一组领先于一致指数的先行指标合成，这些指标的波动状况往往和一致指数 6 ～ 7 个月以后的波动状况相同，通常用于对总体经济运行的未来波动状况进行预测。一致指标是反映当前经济的基本走势，由工业生产、就业、社会需求（投资、消费、外贸）、社会收入（国家税收、企业利润、居民收入）等 4 个方面合成。滞后指数是由落后于一致指数的滞后指标合成得到，它主要用于对经济循环的峰与谷的一种确认。预警指数是基于重要性、灵敏性、稳定性和可操作性的原则，从先行指标、一致指标和滞后指标中挑选十个指标合成所得，用于对当前经济运行状态的总结性评价。显然，先行指数能从货币供给、需求初始扩张、消费预期等方面反映宏观经济波动的初期征兆，故本书选择先行指数（firstind）作为宏观经济波动观测变量，这有利于对服装业财务绩效波动做出解释和预测。

（二）财务绩效波动变量的选择

本书选择服装业定基综合财务绩效指数（finanind）作为服装业财务绩效波动的观测变量，服装业定基综合财务绩效指数是本书第三章应用加权算术平均数指数法编制的，该指数系统是以中国服装业上市公司公开的财务报表数据为基础，对上市公司整体的财务信息以统计指数的形式予以提炼综合，旨在动态地、整体地反映中国服装业上市公司整体的财务运行态势。财务绩效指数是一个信息高度浓缩的指标，是一个包含不同时间、不同指标、不同公司的三维信息指数系统。从编制内容来看，服装业上市公司财务绩效指数包括综合财务绩效指数和类别财务绩效指数，其中，类别财务绩效指数分别为偿债能力指数、周转能力指数、盈利能力指数和成长能力指数，综合财务绩效指数是这四类财务绩效指数的加权汇总。财务绩效指数是一类动态指数，反映了相对于基期企业不同方面的财务效率的上升或下降的方向与程度。财务绩效指数的基期定义为 100（本文以 2012 年作为基期），当后期财务绩效指数值大于 100，意味着该期服装业上市公司财务绩效较基期有增长，小于 100 则相对基期表现为下降。以服装业综合财务绩效指数作为研究变量，能够较为客观和全面地从行业层面反映服装业综合财务发展状况，有利于从产业视角而非企业视角监控服装业的财务运行动态变化情况。

二、样本、数据与模型

本书选取定基宏观经济景气度先行指数（firstind）和服装业定基综合财务绩效指数（finanind）两个变量作为内生变量，构建向量自回归模型（VAR），然后检验两个变量之间短期内是否存在格兰杰因果关系，最后通过脉冲响应函数和方差分解描绘变量间短期内相关影响的方向和程度，探寻宏观经济波动对服装业财务绩效波动的影响程度，进而从宏观角度寻找动因，更科学地解释和监控服装业财务绩效指数的变化。

为了保证这两类研究变量性质的一致性和时间的可比性，对原始变量做了几点预处理：一是国家统计局对中国经济景气度先行指数是按月编制，而服装业综合财务绩效指数是依据上市公司季度财务报告编制的季度指数，因此需要将同一季度下的月度宏观经济景气度先行指数做简单平均以得到季度经济景气先行指数；二是由于服装业财务绩效指数是以2012年一季度到四季度为基期的定基指数，以此也将各期宏观经济景气度先行指数基期调整为2012年一季度到四季度，这样既能消除短期偶发性因素的影响，又能消除季节性因素的影响，保证预处理之后的宏观经济景气度先行指数能和定基综合财务绩效指数一样反映了最近几年的长期趋势的波动。

三、实证分析

（一）单位根检验

首先，对宏观经济景气度先行指数（firstind）和服装业定基综合财务绩效指数（finanind）分别作单位根检验，以防止“伪回归”现象，本书采用ADF进行检验，结果如表5-2所示。定基宏观经济景气度先行指数（firstind）和服装业定基综合财务绩效指数（finanind）的一阶差分均不存在单位根，属于平稳性时间数列，适合构建VAR模型。

表5-2　各变量单位根检验结果

变量	ADF值	1%临界值	5%临界值	10%临界值	P值	结论
firstind	−1.52	−3.75	−2.99	−2.64	0.51	不平稳
d（firstind）	−5.06	−3.79	−3.01	−2.65	0.0006	平稳
finanind	−0.45	−3.79	−3.01	−2.65	0.89	不平稳
d（finanind）	−4.85	−3.79	−3.01	−2.65	0.0010	平稳

（二）VAR模型构建及稳定性检验

定基宏观经济景气度先行指数（firstind）和服装业定基综合财务绩效指数（finanind）的一阶差分变量数列为平稳序列，故可以对两者直接建立 VAR 模型。根据 AIC 及 SC 信息准则，选择 2 期为最优滞后期数。Eviews7.0 软件对 VAR 模型的参数估计结果如图 5-2 上半部分所示。上述回归模型中所估计系数的 t 统计量值大部分在 10% 显著水平下是显著的。

根据输出结果，定基宏观经济景气度先行指数（firstind）和服装业定基综合财务绩效指数（finanind）的一阶差分变量构建的 VAR 模型表达式如下：

$$Y_t=\begin{bmatrix}-0.00096\\-0.00084\end{bmatrix}+\begin{bmatrix}-0.067 & -4.458\\0.060 & -0.097\end{bmatrix}Y_{t-1}+\begin{bmatrix}0.234 & 3.067\\0.036 & -0.463\end{bmatrix}Y_{t-2}+\varepsilon_t\,;\,Y_t=\begin{bmatrix}dfinanind\\dfirstind\end{bmatrix}$$

Eviews7.0 软件对 VAR 模型的拟合优度及信息准则相关统计量计算结果如图 5-2 下半部分所示。服装业定基综合财务绩效指数的一阶差分可决系数 R^2 为 0.56，定基宏观经济景气度先行指数的一阶差分可决系数 R^2 为 0.66，两个变量之间存在一定的相关关系。反映模型整体拟合优度的对数似然值为 75.40，AIC 和 SC 分别为 −10.06 和 −9.63，模型整体拟合效果较好。

Vector Autoregression Estimates
Date: 07/26/19　Time: 18:45
Sample (adjusted): 2013Q4 2018Q4
Included observations: 21 after adjustments
Standard errors in ( ) & t-statistics in [ ]

	DFINANIND	DFIRSTIND
DFINANIND(-1)	-0.067422	0.060487
	(0.32042)	(0.04416)
	[-0.21042]	[1.36980]
DFINANIND(-2)	0.233811	0.035569
	(0.34602)	(0.04769)
	[0.67571]	[0.74590]
DFIRSTIND(-1)	-4.457802	-0.096680
	(1.92413)	(0.26517)
	[-2.31679]	[-0.36460]
DFIRSTIND(-2)	3.066618	-0.462768
	(2.05465)	(0.28316)
	[1.49252]	[-1.63432]
C	-0.000963	-0.000835
	(0.01297)	(0.00179)
	[-0.07422]	[-0.46702]
R-squared	0.564837	0.661953
Adj. R-squared	0.347256	0.492930
Sum sq. resids	0.016998	0.000323
S.E. equation	0.046096	0.006353
F-statistic	2.595980	3.916339
Log likelihood	24.71110	50.47528
Akaike AIC	-3.032477	-6.996197
Schwarz SC	-2.815189	-6.778909
Mean dependent	-0.000269	-0.000828
S.D. dependent	0.057054	0.008921

Determinant resid covariance (dof adj.)	8.29E-08
Determinant resid covariance	3.14E-08
Log likelihood	75.40208
Akaike information criterion	-10.06186
Schwarz criterion	-9.627282

图5-2　VAR模型的参数估计及检验统计量结果

由于 VAR 模型是非结构化模型，很难解释其参数估计值的意义。需要进一步对变量之间进行格兰杰关系分析、动态脉冲响应分析和方差分解分析。这些分析有助于了解变量之间动态相互关系。

（三）VAR模型稳定性检验

对 VAR 模型进行动态脉冲响应分析和方差分解分析前，必须做 VAR 模型的稳定性检验。只有当 VAR 模型是稳定的，动态脉冲响应分析和方差分解分析才能顺利进行并且有实际意义。本书利用 AR 根进行检验，如果估计的 VAR 模型所有根模的倒数小于 1，即位于单位圆内，则其是稳定的。下面给出单位根图形表示的结果见图 5-3。从图 5-3 可以直观地看出，所有的单位根都落于单位根圆内，因此本节所构建的模型是稳定的，表明选取的定基宏观经济景气度先行指数（firstind）和服装业定基综合财务绩效指数（finanind）的一阶差分变量之间存在稳定关系，可以进一步进行分析。

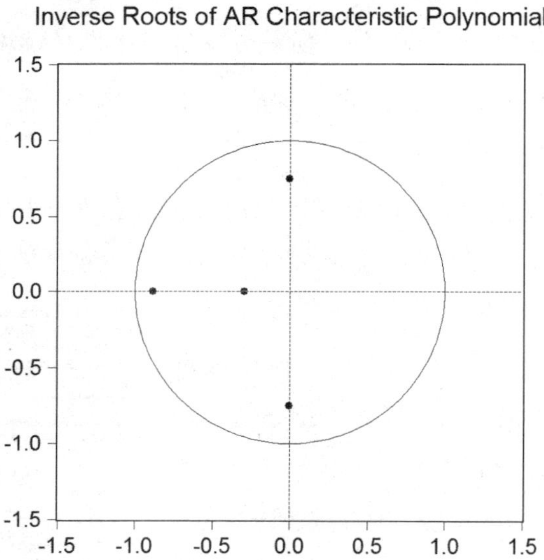

图5-3　AR特征根的倒数的模的单位圆图

（四）格兰杰因果关系检验

格兰杰因果关系检验的目的，在于考察模型中每一个内生变量相对于模型中其他内生变量的显著性。本节基于上述 VAR 模型的格兰杰因果关系检验，结果见图 5-4。由检验结果可知，定基宏观经济景气度先行指数（firstind）一阶差分变量是服装业定基综合财务绩效指数（finanind）一阶差分变量的格兰杰原因，其 P 值为 0.0327，显然这种格兰杰原因是非常显著的。但服装业定基综合财务绩效指数（finanind）一阶差分变量不是定基宏观经济景气度先行指数（firstind）一阶差分变量的格兰杰原因，其 P 值为 0.3767，符合理论分析预期，可见，宏观经济先行指数波动是影响服装业财务绩效指数波动的显著格兰杰因果原因。

VAR Granger Causality/Block Exogeneity Wald Tests
Date: 07/26/19 Time: 18:52
Sample: 2013Q1 2018Q4
Included observations: 22

Dependent variable: DFINANIND

Excluded	Chi-sq	df	Prob.
DFIRSTIND	6.840732	2	0.0327
All	6.840732	2	0.0327

Dependent variable: DFIRSTIND

Excluded	Chi-sq	df	Prob.
DFINANIND	1.952688	2	0.3767
All	1.952688	2	0.3767

图5-4　VAR模型的格兰杰因果关系检验结果

（五）脉冲响应函数

脉冲响应函数是用来观察当变量受到随机扰动项的一个标准差冲击时，它所呈现出来的当前和未来状态的动态关系。本书基于宏观经济景气度先行指数和服装业综合财务绩效指数的一阶差分构建的 VAR 模型脉冲响应函数运算结果如图 5-5 所示。

从第（1）幅图可以看出，服装业定基综合财务绩效指数对于来自其自身的一个标准差的冲击，在第 1 期就立即做出正向响应，且达到最大值，但到第 2 期，这种响应就快速下降到了零值以下，到第 3 期达到最低，之后各期始终围绕零值左右小幅波动。这说明服装业定基综合财务绩效指数波动不具有正（负）加强的长期趋势效应，该指数会随着外部力量的推动和产业自身发展规律呈现周期波动趋势。

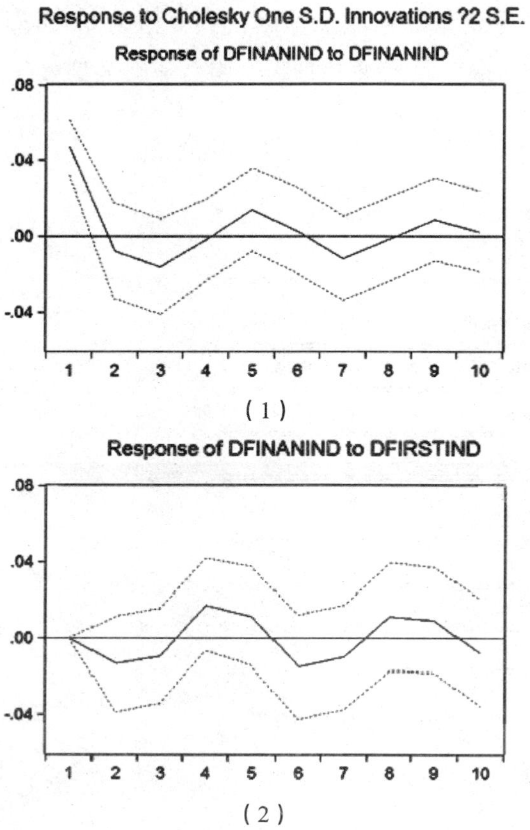

图5-5　VAR模型脉冲响应函数的结果

第（2）幅图显示，服装业定基综合财务绩效指数对于来自宏观经济景气度先行指数的一个标准差的冲击，在第 1 期没有响应，但到第 2 期快速下降，对冲击的响应就达到了负向的最大值，随后在第 3 期开始上升，到第 4 期到达正向影响的峰值。之后各期围绕零值呈现周期性波动变化的趋势。可见，宏观经济景气度先行指数对服装业定基综合财务绩效指数的正向影响呈现滞后效应，滞后期为 2 期，大概半年时间。换句话说，货币和信贷政策的扩张、基础设施领域投资规模的增大并不会马上对服装行业产生直接的拉升效应，反而会有半年的抑制期，之后随着宏观经济形势的持续复苏，服装业财务绩效才能止跌反弹，在第 4 期也就是一年以后达到阶段性的高点。而且宏观经济先行指数波动对服装业财务绩效的影响具有持续性和长期性。

（六）方差分解

方差分解的主要目的是了解系统中各信息对 VAR 模型的内生变量的相对重要性，其主要原理是按照 VAR 模型中各变量的成因，将 VAR 系统中的预测误差分解成各个变量冲击所做的贡献。图 5-6 显示了 VAR 模型的方差分解结果。从图中可以看出，服装业定基综合财务能力指数的波动方差大约有

60% 是由于自身波动影响造成的，还有 40% 是受宏观经济景气度先行指数的波动造成的。可见影响宏观经济运行的先行指数对服装业综合财务绩效的波动影响非常大。

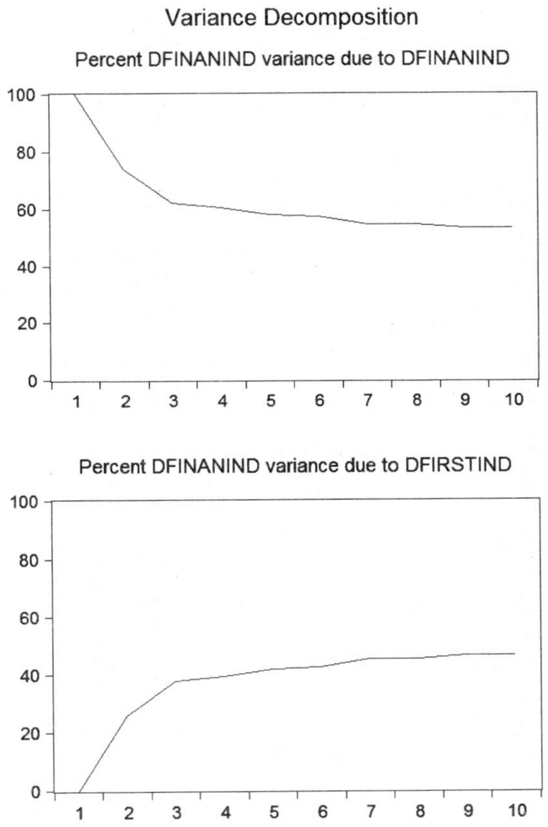

图5-6 VAR 模型的方差分解

第四节 本章小结

首先从理论上分析了宏观经济波动和企业财务波动之间的关联关系，然后阐述了向量自回归模型VAR原理及其方法，最后构建了宏观经济景气度先行指数和服装业综合财务绩效指数的VAR模型。格兰杰因果关系检验显示，宏观经济景气度先行指数是服装业综合财务绩效指数的格兰杰原因，反之不成立。脉冲响应函数表明，服装业定基综合财务绩效指数短期内存在正加强的效应，但长期来看，该指数会随着外部力量的推动和产业自身发展规律的作用，呈现周期波动趋势。服装业综合财务绩效能力指数对于来自宏观经济景气先行指数的冲击，表现为先负向响应后正向响应的特征，具体来说，宏观经济景气度先行指数的波动在第一季度对服装业综合财务绩效指数没有影响，在二、三季度会出现负向响应效应，第四个季度才会呈现明显的正向响应效应，也就是说，宏观经济景气状况的波动对服装业财务绩效的直接正相关的影响大约有1年的滞后期。VAR模型的方差分解图表明，服装业综合财务指数的波动方差大约有60%是由于自身波动影响造成的，还有40%是受宏观经济景气度先行指数的波动造成的，可见宏观经济景气先行指数能够显著影响服装业综合财务绩效波动，可以作为解释和预测服装业财务绩效波动的动因加以重点关注。

第六章 财务能力对服装业财务绩效波动的影响分析

第五章从宏观层面分析了经济波动对服装业综合财务绩效指数波动的影响，本章重点研究产业层面的盈利能力、周转能力、偿债能力和发展能力四大财务能力对服装业综合财务绩效波动的影响，旨在探究服装业财务能力与综合财务绩效指数波动之间的互动关系，做到科学预测和监控服装业财务绩效变化。

第一节　理论分析与文献回顾

一、对财务能力分析的若干理解

葛家澍、占美松（2008）认为，财务状况分析是对公司经营能力、投资能力、融资能力的综合分析，因此可以构造不同方面的财务能力指标，例如：流动性、财务适应性和财务弹性、经营业绩和现金流量指标，通过计算和分析这些财务能力指标，来全面系统地反映企业的财务状况。

吕长江、赵岩（2004）认为，从公司财务处境的角度分析公司财务状况，重点是要评价针对现实或者可能的财务风险而保持持续经营的能力。这种能力表现为有多大的可能性保持公司持续经营。因此应当从盈利性和流动性等不同角度设计多个财务能力指标对公司的财务状况做出更加细化的科学分类，以科学描述公司从财务健康走向财务困境的概率及演变过程。

黄小莉（2009）认为，财务经济分析是以经济核算信息为起点，以财务资金分析和财务能力分析为中心，并评价生产经营过程诸要素对财务活动的影响，借以考核企业过去业绩、评估目前财务状况和预测未来发展趋势，为有关方面提供决策依据的管理活动。在进行财务经济分析中，很重要的工作就是利用一系列的财务指标来分析反映一个企业的财务状况。我国目前财务能力分析主要划分为四个部分：偿债能力分析、盈利能力分析、营运能力分析和发展能力分析。这四个部分彼此之间相互影响相互制约，只有在深入理解四大财务能力内在关系的基础上进行财务经济分析，才更有内在逻辑的连贯性。

张新民、钱爱民（2011）认为，财务状况是指通过资产状况、债务风险状况、资本投入与积累状况、盈利状况以及现金流转状况等方面所揭示出来的公司基本财务状态，其中盈利状况和现金流转状况都会通过特定项目最终影响到企业的资产及负债的规模与结构。财务状况分析是需要通过企业的盈利能力、营运能力、偿债能力、发展能力等多种财务能力来进行综合分析，最终反映公司经营活动的健康状况和可持续发展的可能性。因此，深入理解影响企业财务状况的各种财务能力及之间的互动关系，对科学评估企业的财务健康状况、监控财务危机至关重要。

二、财务能力之间内在关系综述

黄小莉（2009）认为，可以将财务能力划分为两个方面，即基本财务能力和拓展财务能力。基本财务能力由偿债能力分析和盈利能力分析构成。在偿债能力分析的基础上拓展延伸出营运能力分析，在盈利能力分析的基础上延伸出发展能力分析。而且在这一拓展的基础上，其内部也是逻辑的延伸。短期偿债能力指标与流动资产周转情况分析相辅相成，长期偿债能力指标与总资产的周转情况也需要配合才能对公司的财务能力加以合理的评价。短期盈利能力与盈利增长指标结合考察能够帮助分析者评估公司现在和近期的盈利能力。长期盈利能力与资产的增长能力结合更能分析出公司财务的可持续发展能力。财务能力之间的关系如图 6-1 所示，财务四大能力评价指标彼此之间相互影响相互制约，在理解四大财务能力内在逻辑的基础上进行财务经济分析，能够让分析结果具有内在逻辑的连贯性。

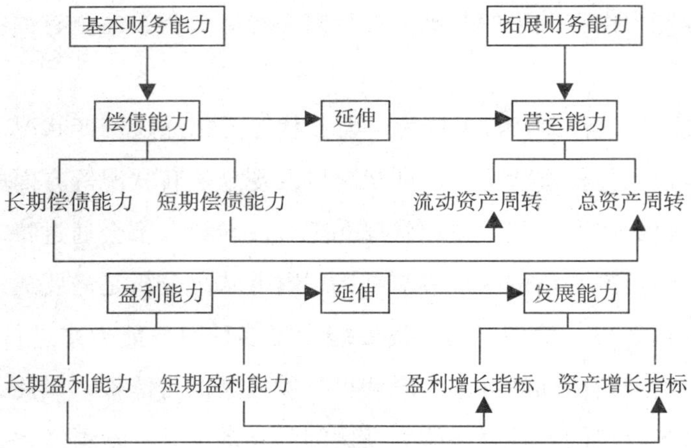

图6-1 财务能力关系图

李心合（2009）认为，经济有常态和阴态两种类型，并归纳了两种经济形态的特征及其差异性（表6-1）。该思想源自辜朝明《大衰退——如何在经济危机中幸存和发展》一书，此书曾明确地将社会经济分为“阳”态和“阴”态两种类型，并认为传统经济理论，包括新古典主义学派、货币主义和凯恩斯学派等，都是以阳态经济作为其理论体系的基础，完全忽视了经济周期从阳态向阴态的转象，实际上也完全忽视了正常企业在面对资产负债表危机时将从利润最大化转向负债最小化模式的可能性。

表6-1 阳态经济与阴态经济之比较

项目	阳态经济	阴态经济
现象	教科书中的经济	资产负债表严重衰退与危机
资产价格	上涨甚至暴涨	下跌甚至暴跌
GDP	增长	急剧下降甚至负增长
企业财务	财务结构正常，资产>负债	财务结构恶化，资产<负债
利率政策	正常甚至上升	极低甚至为零
物价环境	通货膨胀	通货紧缩，流动性陷阱

续表

项目	阳态经济	阴态经济
总需求	资金需求旺盛，总需求增加	资金需求急剧下降，总需求减少
经济政策	紧的财政政策和货币政策	宽松的财政政策和货币政策，货币供给主要靠政府维持
财务表现	盈利能力增强，资产价格上涨，投资增速快，杠杆率攀升	资不抵债，盈利能力下降，资产价格下跌导致投资增速负增长，高杠杆率出现持续回落

常态经济环境是建立在可持续经营假设的基础之上的，在这样的假设基础上，企业永远都是前瞻性的，永远都是在追求利润最大化或价值最大化，并且绝对不会在零利率的情况下专注于偿债。常态经济环境下，企业财务状况会出现经营盈利能力不断提高、资产价格不断攀升、杠杆率不断走低的良好势头，企业为了能先人一步，布局未来，会不断负债追加投资提高经营规模和市场占有率，直到需求饱和或原材料价格急剧攀升导致盈利能力下降，经营和经济扩张的势头才会得以停歇。

当经济周期从阳态转向阴态时，资产负债表危机会动摇可持续经营假设的基础，面对着严重破损的资产负债表和不可持续经营的风险，尽快修补并恢复平衡注定是企业的首要选择，于是负债最小化便成为众多陷入资产负债表危机的企业的最优先选择的财务目标。企业财务目标的这一重大转变，会迅速改变企业的财务状况，减少企业投资特别是固定资产投资，增加现金持有量，会导致资产价格的快速下降，并引发严重的资产负债表危机，于是降低杠杆率成为企业的普遍选择，这会进一步引发投资和盈利规模的减少，危及企业的生存。

马云峰和唐娓娓（2010）认为，企业所处的发展阶段不同，反映企业财务状况的财务能力指标表现也亦不同。企业在创办期的基本目标是生存，影响企业此阶段的主要因素有：对市场的适应；资源优化配置能力；开发能满足业已界定的市场需求的产品或劳务的程度；时足额地提供资金的能力。由于企业的经营资金日益增加，很易产生严重的资金不足危险。同时，此时企业的财务信用关系尚未建立，导致融资渠道不畅。在规避风险基础上，企业一方面应积极筹措资金，考虑风险投资，与银行、供货单位等建立良好的关系，以缓解企业各项投资对资金的压力；另一方面要合理安排使用资金，对项目的规划、设计提出要求，注重对高质量产品的研发，使之符合成本效益原则，减轻企业资产压力。在这个阶段，良好的资源管理是业务生存的关键，而这其中对存货量的控制是最重要的事项之一，由于企业未来销售的不确定性，大量的存货对企业的资金周转以及市场开拓不利，另外过多的存货会导致顾客对企业短期运营能力和偿债能力的怀疑，因此，对于存货的要求只需保证当期产品的生产需要即可，即存货的占用水平相对较低，也就是存货周转率在这一阶段相对较大，所以企业在衡量短期偿债能力时应将其考虑在内。对于应收账款，虽然赊销可加速产品销售的实现，这在企业发展的初期是个比较难以把握的问题，多赊销影响正常资金周转及偿债能力，经营风险加大；少赊销不利于企业对客户关系的建立，甚至影响市场占有力。又考虑到企业处于这一阶段的局限性，没有历史经验做参考，很难做到对客户的信用等级进行把握，因此，此阶段的企业对应收账款的管理是很难权衡利弊的，相对于采用赊销政策扩大销路而言，以产品质量的保证以及完善的服务作为竞争方式才是明智之举。因此，企业在此阶段很少考虑过多的赊销，即便有赊销，对收现的速度也具有较高的要求，从而保证企业这一阶段流动资产的质量。综合这些因素，该阶段的财务能力指标表现为：存货、应收款周转率高，资产总周率高，杠杆率低，盈利能力和发展能力均不稳定。

当企业进一步发展到成长期时，初步得到市场的认可，企业基本上初具规模，进入快速发展、扩张时期。此时，企业的基本目标是健康快速地发展壮大，扩大销售量与市场份额、增加市场占有率以及创立品牌、树立良好的企业形象成为企业发展的重中之重。为了实现此目标，企业对固定资产的投资、库存量上的保障都加强了投入。因此，此阶段应提高资金运作效率，在资金的筹措上确立长期的资本结构以满足企业长期的发展目标。同时，一方面，为了满足企业的发展需要以及对销售量的追求，企业在销售产品的同时，较多考虑将赊销作为一种促销手段，以适应市场竞争的需要；另一方面，这也是企业实现销售的可持续增长关键。结合企业成长期的特征，企业为了实现量上的扩张，在这一阶段较多地采取薄利多销政策。因此，为了使企业能够迅速地满足客户各种订货的需要，进而为企业的生产和销售提供较大的机动性，企业必须持有充足的存货；另外考虑到各项启动费用的下降，购置大批存货能从供货方得到的优惠通常能弥补这一时期相应的成本增加额，企业倾向选择持有较大规模的平均存货水平。与此同时，对应收账款，一方面企业的眼光应放在长期财务战略上，为了配合企业发展之需，采用相对宽松的信用政策，放慢还款速度，以平衡营运资金流；另一方面，经过第一阶段的发展和对客户信用的掌握，企业能够建立起一套相对合理的评估体系，即企业可以较好地对应收账款进行管理与把握，而管理的重点在于如何确定对不同客户的应收账款的保持水平。综合这些因素，该阶段的财务能力指标表现为：存货、应收款周转率下降，资产总周率下降，负债增加导致杠杆率提高，盈利能力稳步提高，反映资产和收入的发展能力均有不同程度的提高。

随着业务的逐步成熟，企业进入了最富有活力的黄金时期，此时企业具有较强的竞争力，而企业的竞争对手少但实力强大，同时销售量仍在增加，但其增长速度在递减。这个阶段的企业目标是尽可能地维持销售以及该阶段所产生的利润。因此，企业的主要任务是加强企业各项事务的管理，保持已确立的竞争地位，延长成熟期。此外，企业资金运作的主要特点是，企业在资本市场占据了一定发展空间，以资本扩张的方式获得的利益去维持企业在销售上的不足，从而保持持续的增长；同时由于产品的不断更新及市场的饱和使企业尝试着对新产品的研发进行投入，以获取新的增长机会。针对企业在这一阶段销售量增长速度在递减的特点，企业一边在维持传统支柱产品的发展，一边也注重了对新产品的开发。因此，对于存货需求由大量单一向适量多元过渡。无论是传统产品项目的维持，还是新产品的试验性尝试都要求企业必须保持较低水平的存货，因为只有这样，企业才能使生产处于自主、灵活的状态，使企业对可能的市场做出最迅速地选择而无需考虑存货的堆积问题，从而提高了存货的周转速度，也是在一定程度上增强了此流动资产的变现能力。对应收账款的管理也是其中很重要的一项内容，这一管理目标中考虑到此阶段的特殊性，即客户群等市场环境相对较为稳定，相应的对一些赊销企业的信用评价能够做到合理、可靠，因此，对大多数应收账款都能在信用期限内按照企业既定的标准及时收回。同时，随着应收账款的规模日益扩大，总体质量也呈下降趋势，因为会有一些客户的变动等不稳定因素的影响的存在，企业会提取大量的坏账准备，提取的坏账准备也是逐年递增，它会使得账面上的应收账款数额变得相对较低。该阶段的财务能力指标表现为：存货周转率和应收账款周转率稳中有升，投资随负债的波动而波动，呈现出扩张、收缩一致性震荡变化的规律，周转能力和偿债能力呈现周期性变化的特点，盈利能力保持稳定，企业收入和资产的增长速度开始放缓。

当企业进入衰退期，企业会最大限度得最快实现利润，由于企业的经济边际效用递减，效率的不断下降，相比于前面几个阶段企业往往更侧重于短期的经济利益。但是由于种种条件的限制，企业的短期盈利能力仍不断下降，企业主要考虑：如何维持企业的发展或以最小的损失适时撤离。这时企业理财主要考虑：采取紧缩的信用政策，保证现金流入；缩减现行企业的销售规模，减少各项长期投资，并考虑衰退期企业占用的经济资源的机会成本，注重短期现金流量，即要实现短期内的现金流量最大化。在此阶段，企业为了维持生存、维持产品的销售，对生产规模的控制变得简化，对存货的要求变得简单明晰，只需购置可以维持企业现存的产品订单的存货量即可，因此企业对存货的占用水平很低，存货转化成销售收入的速度变得比前期更快。应收账款方面：因为企业要最大限度收回账款，保证现金流入，企业在采取紧缩信用政策的同时，适当采取一定的优惠措施，如各类折扣和对一些财务困难的公司的债务重组，甚至于采用法律手段实现应收账款的变现，企业此时的应收账款主要是针对企业以往发生未收回的，而当期考虑到目标的短期性，不会依赖赊销促进销售，因此，总体而言企业在此阶段的应收账款平均占用水平很低，在企业的流动资产中所占的比重很低。该阶段的财务能力指标表现为：存货周转率和应收账款周转率继续加快，投资萎缩，负债减少，杠杆率下降，固定资产周转率上升，盈利能力下降，企业收入和资产持续呈现负增长的状态。

综上所述，不同宏观经济环境下，不同产业发展周期，企业的财务状况和财务能力指标存在十分明显的差异，若能够从微观处入手，观察连续多年的行业财务能力指标的变化趋势，辅以经济计量学等量化手段，方能更好地理解财务能力指标是如何影响财务绩效状况的，进而对产业发展周期有更为科学的判断，从中长期把握产业财务绩效的变化趋势。

第二节　研究模型设计

理论研究表明，反映企业财务状况的盈利能力、发展能力、偿债能力和周转能力四大类别财务能力的波动趋势并不存在严格意义上的函数关系，而且财务能力波动与企业综合财务绩效波动之间也没有固定的变化趋势。故不能建立函数方程式对其进行实证分析，只能采用向量自回归（VAR）方法和模型，探讨财务能力与企业综合财务绩效之间的动态变化关系，进而探究各种财务能力对企业综合财务绩效的影响方向和影响程度，寻找最主要的财务能力影响因素。

本书选取服装业定基盈利能力指数（prodi）、定基发展能力指数（develdi）、定基偿债能力指数（deltdi）、定基周转能力指数（turndi）和定基综合财务绩效指数（finanind）五个变量作为内生变量，运用向量自回归模型（VAR）对财务能力指数与服装业综合财务绩效指数之间的短期动态互动关系进行量化分析，在此基础上通过脉冲响应函数分析服装业综合财务绩效指数对财务能力指数扰动冲击变化的响应状况，通过方差分解描述财务能力指数对服装业综合财务绩效指数预测误差的影响程度，通过格兰杰因果关系检验探究财务能力指数与服装业综合财务绩效指数之间是否存在短期格兰杰因果关系。然后运用 Johansen 协整检验和 VEC 模型分析财务能力指数与服装业综合财务绩效指数之间的长期协整关系，探寻影响服装业综合财务绩效长期波动的关键财务能力指数。

第三节　财务能力指数影响服装业财务绩效波动的实证分析

一、短期波动关系分析

（一）单位根检验

在建立服装业财务能力指数与综合财务绩效指数 VAR 方程之前，需要对 VAR 系统所包含的变量进行单位根检验。本书采用 ADF 检验，对定基盈利能力、定基周转能力、定基偿债能力、定基发展能力指数和定基综合财务绩效指数的一阶差分做平稳性检验，结果如表 6-2 所示。定基盈利能力、定基周转能力、定基偿债能力、定基发展能力指数和定基综合财务绩效指数的一阶差分均不存在单位根，属于平稳性时间数列，适合构建 VAR 模型。

表6–2 各变量单位根检验结果

变量	类型（c，t，k）	ADF 值	1% 临界值	5% 临界值	10% 临界值	P 值	结论
dprodi	（c，0，2）	−4.962	−3.788	−3.012	−2.646	0.0008	平稳
dturndi	（c，0，1）	−5.694	−3.788	−3.012	−2.646	0.0002	平稳
ddeltdi	（c，0，2）	−6.209	−3.809	−3.021	−2.650	0.0001	平稳
ddeveldi	（c，0，1）	−6.758	−3.770	−3.005	−2.642	0.0000	平稳
dfinanind	（c，0，1）	−4.849	−3.788	−3.012	−2.646	0.0010	平稳

注:c、t、k 分别表示截距项、趋势项和滞后期数，滞后期的选择标准参考 AIC 和 SC 准则。

（二）VAR模型构建

向量自回归（VAR）模型建立是根据数据的统计分布特征出发的，它把每一个内生变量组成的向量当成被解释变量，而将所有内生变量的滞后项组成的向量当成解释变量来建模的。本文采用非限制性向量自回归模型，它不以严格的经济理论为依据，如果变量间有相互关系，就可以把具有关系的变量纳入其中进行分析。

构建 VAR 模型时，要求模型中的每个内生变量都是平稳数列，才可以建立模型。根据前述的单位根检验结果，定基盈利能力指数、定基周转能力指数、定基偿债能力指数、定基发展能力指数和定基综合财务绩效指数的一阶差分变量数列均为平稳序列，故可以对五个变量建立 VAR 模型。在 VAR 模型中，定基盈利能力指数、定基周转能力指数、定基偿债能力指数、定基发展能力指数和定基综合财务绩效指数的一阶差分是作为内生变量进行短期动态关系分析。根据 AIC 及 SC 信息准则，选择最优滞后期数为滞后 1 期。Eviews7.0 软件对 VAR 模型的参数估计结果如图 6-2 上半部分所示。

Vector Autoregression Estimates
Date: 09/06/19 Time: 15:27
Sample (adjusted): 2013Q3 2018Q4
Included observations: 22 after adjustments
Standard errors in ( ) & t-statistics in [ ]

	DPRODI	DTURNDI	DDELTDI	DDEVELDI	DFINANIND
DPRODI(-1)	-1.170703	-0.311951	0.613840	0.771205	0.144564
	(0.96030)	(0.95368)	(0.55068)	(0.58531)	(0.42191)
	[-1.21910]	[-0.32710]	[1.11470]	[1.31761]	[0.34264]
DTURNDI(-1)	0.152901	0.372673	-0.119518	0.046260	0.127075
	(0.58465)	(0.58061)	(0.33526)	(0.35634)	(0.25687)
	[0.26153]	[0.64186]	[-0.35649]	[0.12982]	[0.49471]
DDELTDI(-1)	-0.097096	1.464056	-0.005297	1.427838	0.756585
	(1.00327)	(0.99635)	(0.57531)	(0.61150)	(0.44079)
	[-0.09678]	[1.46942]	[-0.00921]	[2.33499]	[1.71643]
DDEVELDI(-1)	-0.509620	0.468407	0.885638	0.418330	0.442236
	(0.87705)	(0.87100)	(0.50293)	(0.53456)	(0.38534)
	[-0.58106]	[0.53778]	[1.76094]	[0.78256]	[1.14766]
DFINANIND(-1)	2.739089	0.167242	-2.000411	-1.380390	-0.544059
	(2.89679)	(2.87681)	(1.66113)	(1.76560)	(1.27272)
	[0.94556]	[0.05813]	[-1.20424]	[-0.78182]	[-0.42748]
C	0.006284	0.032525	-0.025345	0.018311	0.005940
	(0.02237)	(0.02222)	(0.01283)	(0.01364)	(0.00983)
	[0.28087]	[1.46390]	[-1.97557]	[1.34285]	[0.60431]
R-squared	0.390873	0.558618	0.503193	0.568582	0.478391
Adj. R-squared	0.200520	0.420686	0.347941	0.433764	0.315388
Sum sq. resids	0.145020	0.143027	0.047687	0.053874	0.027994
S.E. equation	0.095204	0.094547	0.054594	0.058027	0.041828
F-statistic	2.053417	4.049948	3.241134	4.217400	2.934861
Log likelihood	24.02453	24.17679	36.25878	34.91696	42.11838
Akaike AIC	-1.638594	-1.652436	-2.750798	-2.628814	-3.283489
Schwarz SC	-1.341037	-1.354878	-2.453241	-2.331257	-2.985932
Mean dependent	-0.007341	0.001000	-0.015295	-0.002677	-0.006909
S.D. dependent	0.106476	0.124220	0.067608	0.077114	0.050553

Determinant resid covariance (dof adj.)	3.17E-15
Determinant resid covariance	6.45E-16
Log likelihood	228.6695
Akaike information criterion	-18.06086
Schwarz criterion	-16.57308

图6-2 VAR模型的参数估计及检验统计量结果

根据输出结果，基于服装业四个财务能力定基指数与综合财务绩效定基指数的一阶差分构建的 VAR 模型表达式如下：

$$Y_t=\begin{bmatrix}0.006\\0.033\\-0.025\\0.018\\0.006\end{bmatrix}+\begin{bmatrix}-1.171 & 0.153 & -0.097 & -0.510 & 2.739\\-0.312 & 0.373 & 1.464 & 0.468 & 0.167\\0.614 & -0.120 & -0.005 & 0.886 & -2.000\\0.771 & 0.046 & 1.428 & 0.418 & -1.380\\0.145 & 0.127 & 0.757 & 0.442 & -0.544\end{bmatrix}Y_{t-1}+\varepsilon_t;\ Y_t=\begin{bmatrix}DPRODI\\DTURNDI\\DDELTDI\\DDEVELDI\\DFINANIND\end{bmatrix}$$

Eviews7.0 软件对 VAR 模型的拟合优度及信息准则相关统计量计算结果如图 6-2 下半部分所示。定基盈利能力指数的一阶差分可决系数 R^2 为 0.39，定基周转能力指数的一阶差分可决系数 R^2 为 0.56，定基偿债能力指数的一阶差分可决系数 R^2 为 0.50，定基发展能力指数的一阶差分可决系数 R^2 为 0.57，定基综合财务绩效指数的一阶差分可决系数 R^2 为 0.48，五个变量之间存在一定的相关关系。反映模型整体拟合优度的对数似然值为 228.67，AIC 和 SC 分别为 −18.06 和 −16.57，模型整体拟合效果较好。

传统经典模型是结构化的，相应地，它们的参数估计值是有意义能够解释的。而对于 VAR 模型，它是非结构化模型，很难解释其参数估计值的意义。如果想要对变量之间进行深入的 VAR 分析，还需要对变量之间进行格兰杰关系分析、动态脉冲响应分析和方差分解分析。这些分析都提供了变量之间动态变化关系。

（三）VAR模型稳定性检验

对 VAR 模型进行动态脉冲响应分析和方差分解分析前，必须做 VAR 模型的稳定性检验。只有当 VAR 模型是稳定的，动态脉冲响应分析和方差分解分析才能顺利进行并且有实际意义。VAR 模型稳定的条件是：VAR（p）模型是协方差平稳的，表现为特征方程的所有特征值都落在单位圆以内。本书构建的基于服装业四个财务能力指数的 VAR 模型的稳定性检验结果如图 6-3 所示，VAR 模型的五个变量的特征值都落在单位圆内，表示模型是稳定的，可以进行后续的动态脉冲响应分析和方差分解分析。

（四）格兰杰因果关系检验

格兰杰因果关系实质上是利用 VAR 模型来进行一组系数显著性检验。格兰杰因果关系可以用来检验某个变量的所有滞后项是否对另一个和几个变量的当期值有影响。如果影响显著，说明该变量对另一个变量和几个变量存在格兰杰因果关系。如果影响不显著，说明该变量对另一个变量或者几个变量不存在格兰杰因果关系。本书利用服装业四个定基财务能力指数和定基综合财务绩效指数的一阶差分构建的 VAR 模型的格兰杰因果关系检验结果如图 6-4 所示。

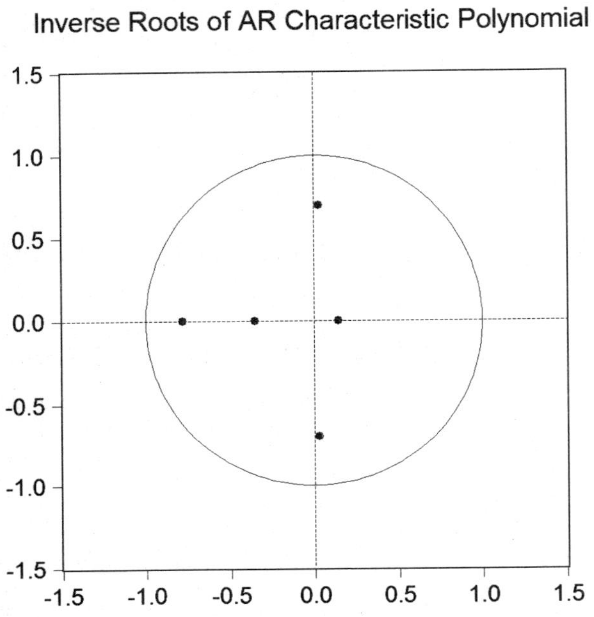

图6-3 AR特征根的倒数的模的单位圆图

从图 6-4 格兰杰因果关系检验的显著性结果可以看出，在短期内，服装业定基偿债能力指数变动（ddeltdi）是定基发展能力指数变动（ddeveldi）的格兰杰原因，其 P 值为 0.0195，这种格兰杰原因是非常显著的。其次，定基发展能力指数变动（ddeveldi）是的定基偿债能力指数变动（ddeltdi）的格兰杰原因，其 P 值为 0.0782，这种格兰杰原因是比较显著的，可见服装业定基偿债能力指数波动和定基发展能力指数波动是互为格兰杰因果原因。最后，定基偿债能力指数变动（ddeltdi）是定基综合财务绩效指数变动（dfinanind）的格兰杰原因，其 P 值为 0.0861，这种格兰杰原因也比较显著。短期来看，其他几个财务能力定基指数的变动对综合财务绩效指数的变动不存在显著的格兰杰因果关系。因此，需要重点关注短期内服装业偿债能力指数的波动，该指数的波动在短期内是推动对服装业发展能力指数变动和综合财务绩效指数变动的显著的格兰杰因果原因。

（五）脉冲响应函数

在现实运用中，由于 VAR 模型是非结构化的模型，是不以严格的经济理论为依据的。所以，在进行 VAR 模型分析时，需要观察一个误差项的变动对模型产生的动态冲击，这就叫作脉冲响应函数（Impulse Response Function，IRF）。脉冲响应函数是用来观察当变量受到随机扰动项一个标准差冲击时，它所呈现出来的当前和未来状态的动态关系。

1. 综合财务绩效指数波动的脉冲响应分析

基于前文所构建的 VAR 模型计算的服装业四个定基财务能力指数波动对综合财务绩效定基指数波动的脉冲响应函数结果如图 6-5 所示。从第一幅图可以看出，服装业综合财务绩效定基指数对于来自定基盈利能力指数的一个标准差的冲击立即快速响应，且在第 1 期就达到了最大值 0.04，随后冲击效应迅速减退，在第 2 期下将到 -0.01，第 3 期开始回升，到第 4 期回升到 0.006，而后开始下降，第 6 期以后围绕 0 值左右小幅波动，直至这种影响趋于消失。可见服装业盈利能力指数的波

VAR Granger Causality/Block Exogeneity Wald Tests
Date: 09/06/19 Time: 16:28
Sample: 2013Q1 2018Q4
Included observations: 22

Dependent variable: DPRODI

Excluded	Chi-sq	df	Prob.
DTURNDI	0.068396	1	0.7937
DDELTDI	0.009366	1	0.9229
DDEVELDI	0.337634	1	0.5612
DFINANIND	0.894086	1	0.3444
All	10.22903	4	0.0367

Dependent variable: DTURNDI

Excluded	Chi-sq	df	Prob.
DPRODI	0.106996	1	0.7436
DDELTDI	2.159197	1	0.1417
DDEVELDI	0.289209	1	0.5907
DFINANIND	0.003380	1	0.9536
All	20.21339	4	0.0005

Dependent variable: DDELTDI

Excluded	Chi-sq	df	Prob.
DPRODI	1.242563	1	0.2650
DTURNDI	0.127087	1	0.7215
DDEVELDI	3.100919	1	0.0782
DFINANIND	1.450205	1	0.2285
All	12.62233	4	0.0133

Dependent variable: DDEVELDI

Excluded	Chi-sq	df	Prob.
DPRODI	1.736086	1	0.1876
DTURNDI	0.016852	1	0.8967
DDELTDI	5.452184	1	0.0195
DFINANIND	0.611249	1	0.4343
All	15.35189	4	0.0040

Dependent variable: DFINANIND

Excluded	Chi-sq	df	Prob.
DPRODI	0.117402	1	0.7319
DTURNDI	0.244737	1	0.6208
DDELTDI	2.946118	1	0.0861
DDEVELDI	1.317134	1	0.2511
All	14.67146	4	0.0054

图6-4　VAR模型的格兰杰因果关系检验结果

动对综合财务绩效指数的波动呈现正向且显著的影响，但这种影响持续期较短。后期随着盈利能力的提升，其他方面财务能力会出现小幅下降，进而抑制财务绩效指数持续提升。

从第二幅图可以看出，服装业综合财务绩效定基指数对于来自定基周转能力指数的一个标准差的冲击，呈现出先上升后下降再回升的波动趋势，第1期到达最大，为0.01，而后快速下滑，在第3期降到低谷，为-0.01，第4期和第5期持续回升到0.006，而后开始下降，直到第10期这种影响消失。可见服装业周转能力指数的波动也对综合财务绩效指数的波动呈现出一定的正向影响效应，但影响的持续期较短，而且随着周转能力指数的不断提升，其他财务指数会出现下降，导致综合财务绩效指数也快速下降。

从第三幅图可以看出，服装业综合财务绩效定基指数对于来自定基偿债能力指数的一个标准差的冲击，第1期有正向反应，但到第2期才达到最大，为0.02，随后开始下降，到第4期到达阶段性的最小值，为-0.006，随后在0值左右小幅波动，直到这种影响消失。可见服装业偿债能力指数的波动也对综合财务绩效指数的波动呈现出正向且长期的影响，随着偿债能力指数的提高，其他方面财务能力也会有所提高，进而促进了综合财务绩效指数的持续提升。

从第四幅图可以看出，服装业综合财务绩效定基指数对于来自定基发展能力指数的一个标准差的冲击，第1期正向反应较小，随后持续提高，在第3期达到最大，为0.015，之后开始下降，第4期降到低点，为-0.009，之后有所回升，从第6期开始，围绕0值微幅波动，直到影响消失。可见，服装业发展能力指数的波动对综合财务绩效指数的波动也呈现出正向且长期的影响，而且，伴随着发展能力指数的提高，其他财务能力指数不会出现明显的恶化，有助于持续提升服装业综合财务绩效指数。

从第五幅图可以看出，服装业综合财务绩效定基指数对于来自自身的一个标准差的冲击，在第1期有小幅的正向反映，为0.004，但在第2期就快速下降，降到-0.008，随后有所回升，在第4期之后围绕0值微幅波动，直到影响消失。可见，服装业综合财务绩效定基指数不具有明显的正加强效应。

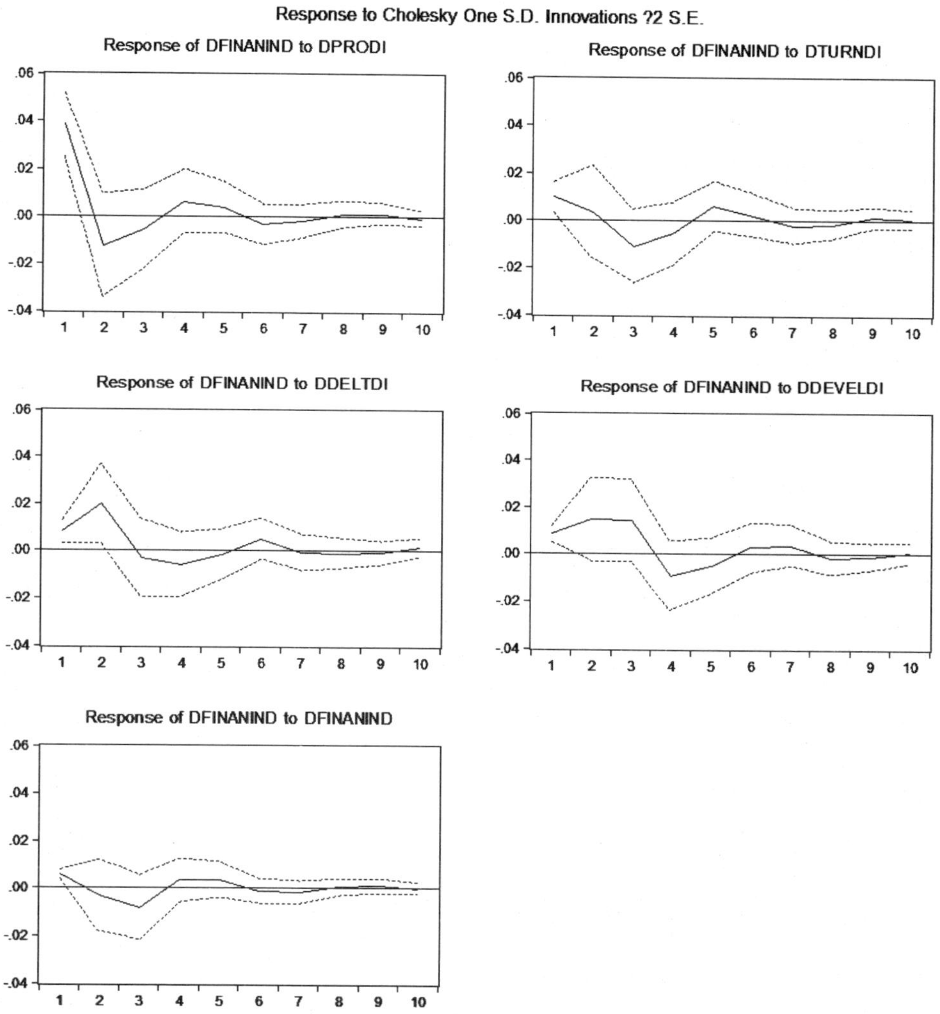

图6-5　综合财务绩效指数波动的脉冲响应分析图

2. 定基盈利能力指数波动的脉冲响应分析

服装业定基盈利能力指数波动受到来自自身盈利能力、周转能力、偿债能力及发展能力影响的脉冲响应函数分析结果如图 6-6 所示。

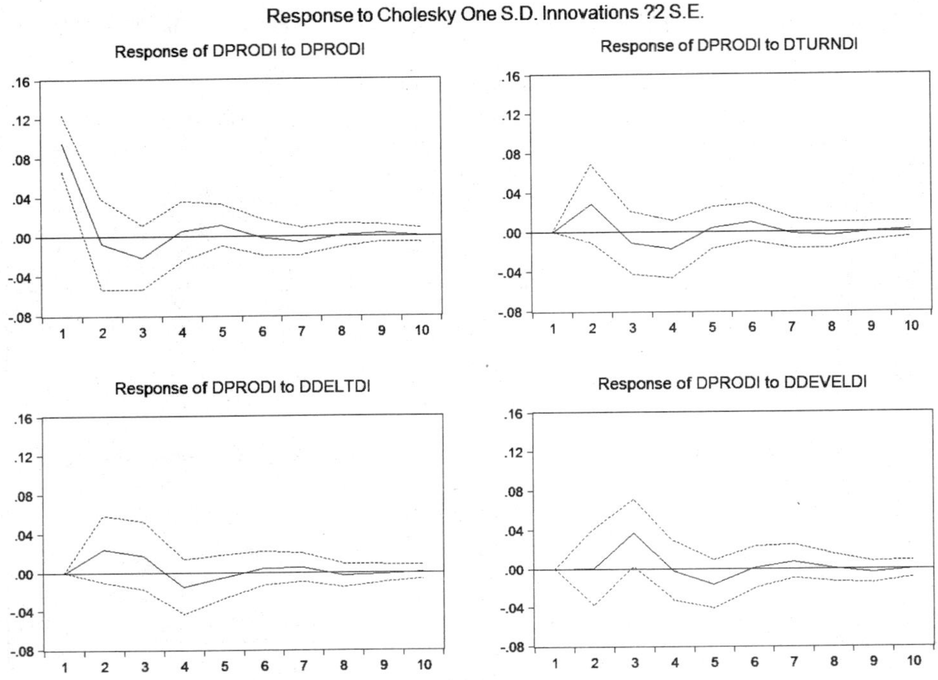

图6-6 定基盈利能力指数波动的脉冲响应分析图

从第一幅图可以看出，服装业定基盈利能力指数对于来自自身的一个标准差的冲击，在第 1 期正向响应达到最大，为 0.095，随后快速下降，第 3 期下降到谷底，为 -0.022。随后开始回升，第 6 期之后，这种影响逐渐消失。可见，服装业定基盈利能力指数自身具有明显的短期正加强效应。

从第二幅图可以看出，服装业定基盈利能力指数对于来自定基周转能力指数的一个标准差的冲击，第 1 期没有响应，在第 2 期正向响应达到最大，为 0.028。随后开始下降，到第 4 期降到低点，为 -0.018。随后有所上升，第 7 期之后这种影响效应趋于消失。可见，定基周转能力指数波动对盈利能力指数波动存在较为显著的正向影响效应，但有 2 个季度的滞后期。

从第三幅图可以看出，服装业定基盈利能力指数对于来自定基偿债能力指数的一个标准差的冲击，第 1 期没有响应，第 2 期出现正向响应，达到最大值 0.024，随后开始下降，在第 4 期达到最小值 -0.015。随后有所回升，第 6 期之后这种影响效应趋于消失。可见，定基偿债能力指数波动对盈利能力指数波动存在一定的正向影响效应，但有 2 个季度的滞后期。

从第四幅图可以看出，服装业定基盈利能力指数对于来自定基发展能力指数的一个标准差的冲击，第 1 期和第 2 期都没有响应，在第 3 期出现正向响应，达到最大值 0.037。随后持续下降，在第 5 期降到最小值 −0.016。而后有所回升，第 8 期之后这种影响效应趋于消失。可见，定基发展能力指数波动对盈利能力指数波动存在一定的正向影响效应，但有 3 个季度的滞后期。

3. 定基周转能力指数波动的脉冲响应分析

服装业定基周转能力指数波动受到来自盈利能力、自身周转能力、偿债能力以及发展能力影响的脉冲响应函数分析结果如图 6-7 所示。

从第一幅图可以看出，服装业定基周转能力指数对于来自定基盈利能力指数的一个标准差的冲击，出现快速且明显的正向响应，第 1 期到达最大值 0.072，随后快速下降，第 2 期降到最小值 −0.037。随后开始回升，第 6 期之后这种影响效应逐渐消失。可见，服装业定基盈利能力指数波动对定基周转能力指数波动存在快速且明显的正向响应效应。

从第二幅图可以看出，服装业定基周转能力指数对于来自自身的一个标准差的冲击，呈现显著的正向响应。第 1 期就达到峰值，为 0.061。第 2 期快速下降，第 3 期降到最低点，为 −0.025，而后开始回升。第 7 期之后这种影响效应趋于消失。可见，定基周转能力指数在短期内呈现出正加强的效应。

从第三幅图可以看出，服装业定基周转能力指数对于来自定基偿债能力指数的一个标准差的冲击，第 1 期没有响应，第 2 期出现正向响应且到达最大值 0.052，随后开始下降，第 4 期降到最小值 −0.015。而后有所回升，第 7 期之后这种影响效应趋于消失。可见，服装业定基偿债能力指数波动对定基周转能力指数波动存在较为明显的正向响应效应，但有 2 个季度的滞后期。

从第四幅图可以看出，服装业定基周转能力指数对于来自定基发展能力指数的一个标准差的冲击，第 1 期没有响应，第 2 期开始出现正向响应，到第 3 期达到最大值 0.045，随后开始下降，第 4 期降到最低值 -0.023，而后出现回升，第 8 期之后这种影响效应趋于消失。可见，服装业定基发展能力指数波动对定基周转能力指数波动存在一定的正向响应效应，但有 3 个季度的滞后期。

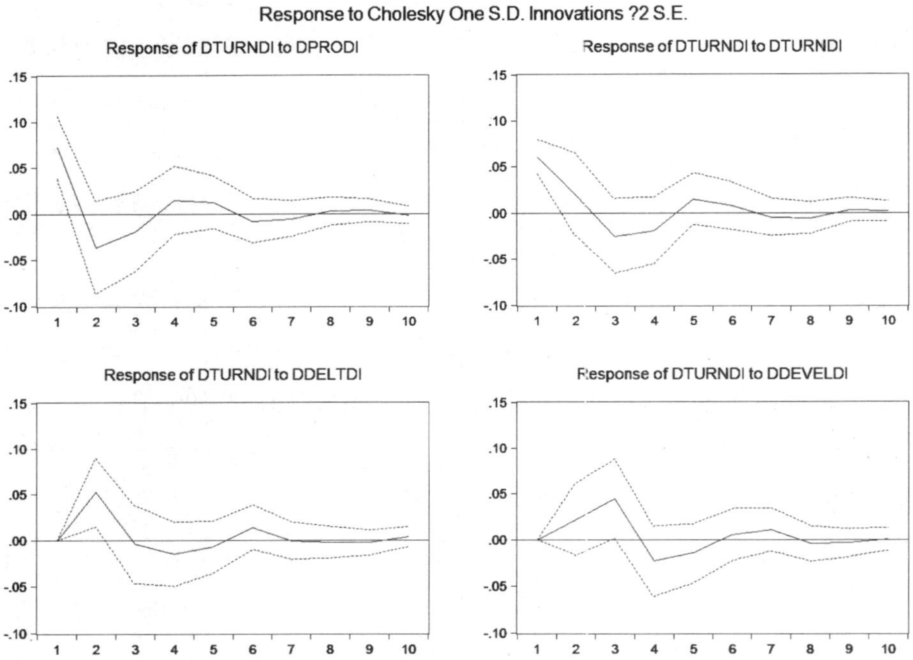

图6-7　定基周转能力指数波动的脉冲响应分析图

4. 定基偿债能力指数波动的脉冲响应分析

服装业定基偿债能力指数波动受到来自盈利能力、周转能力、自身以及发展能力影响的脉冲响应函数分析结果如图 6-8 所示。

从第一幅图可以看出，服装业定基偿债能力指数对于来自定基盈利能力指数的一个标准差的冲击，在第 1 期负向响应达到最大，为 -0.038，而后有所回升，在第 3 期上升到 0.009，之后又开始下降，从 6 期之后，这种影响趋于消失。可见，服装业定基盈利能力指数波动对偿债能力指数波动存在短暂且明显的负向影响效应。

从第二幅图可以看出，服装业定基偿债能力指数对于来自定基周转能力指数的一个标准差的冲击，在第 1 期到第 3 期呈现持续的负向响应效应，最低值为 -0.011，第 4 期反转为正向响应，达到峰顶，为 0.014。5 期又快速下降为 0 值以下，而后这种影响趋于消失。可见，服装业定基周转能力指数波动对偿债能力指数波动存在也存在一定的负向影响效应，且持续时间长。

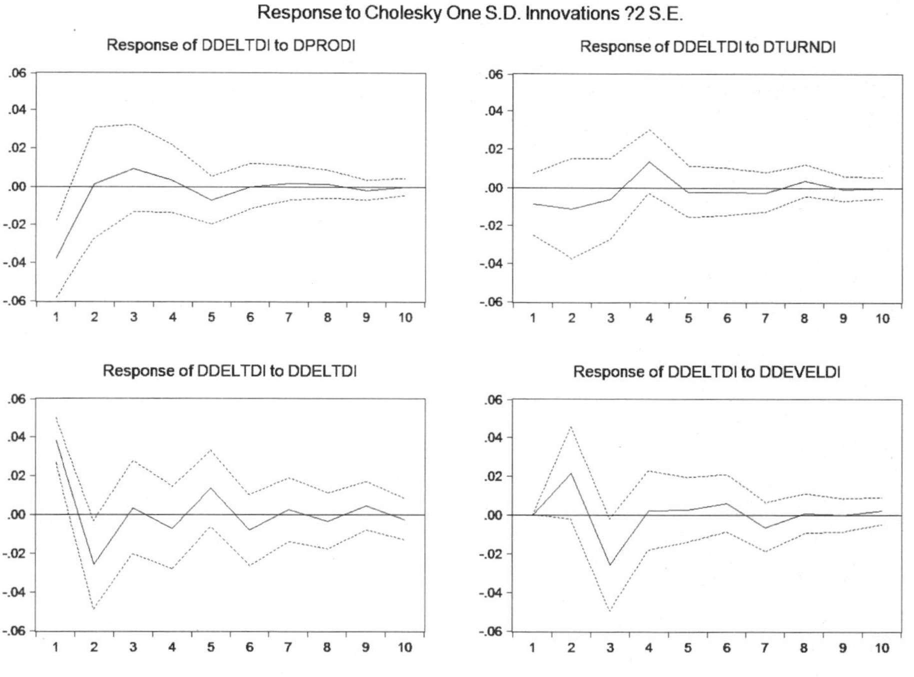

图6-8　定基偿债能力指数波动的脉冲响应分析图

从第三幅图可以看出，服装业定基偿债能力指数对于来自自身的一个标准差的冲击，呈现显著的正向响应。第 1 期就达到峰值，为 0.038。第 2 期又快速下降，为 -0.026，而后围绕 0 值小幅波动。可见，定基偿债能力指数在短期内呈现出正加强的效应。

从第四幅图可以看出，服装业定基偿债能力指数对于来自定基发展能力指数的一个标准差的冲击，第 1 期没有响应，第 2 期出现正向响应，且达到峰值 0.02，第 3 期迅速下降，回落到谷底，为 −0.03。第 4 期上升到 0 值。可见，服装业定基发展能力指数波动会对偿债能力指数产生先提升而后抑制的正负交替的响应效应，总体来说，负向响应的程度略高。

5. 定基发展能力指数波动的脉冲响应分析

服装业定基发展能力指数波动受到来自盈利能力、周转能力、偿债能力及自身影响的脉冲响应函数分析结果如图 6-9 所示。

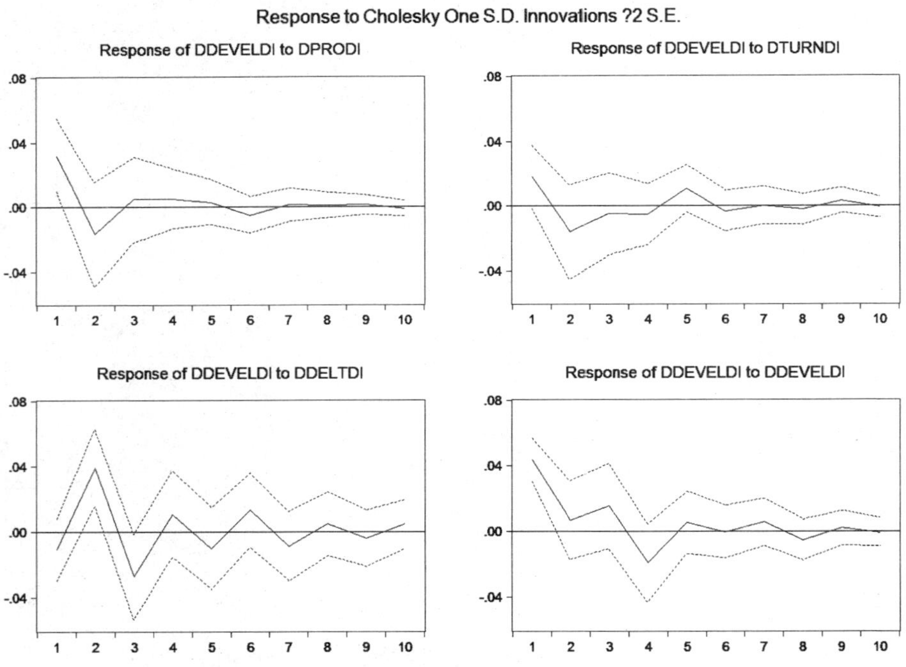

图6-9 定基发展能力指数波动的脉冲响应分析图

从第一幅图可以看出，服装业定基发展能力指数对于来自定基盈利能力指数的一个标准差的冲击，呈现明显快速的正向响应，在第 1 期达到最大，为 0.032，随后快速减退，在第 2 期进入谷底，为 −0.017。随后有所回升，第

4 期之后，影响趋于消失。可见，服装业定基盈利能力指数波动对发展能力指数波动存在明显正向影响效应，但持续时间短。

从第二幅图可以看出，服装业定基发展能力指数对于来自定基周转能力指数的一个标准差的冲击，呈现快速但幅度较小的正向响应。在第 1 期达到最大，为 0.018，随后快速下降，在第 2 期降到阶段性低点，降低为 -0.016。随后有所回升，在第 6 期之后，围绕 0 值微幅波动，直到第 10 期这种影响效应消失。可见，服装业定基周转能力指数波动对发展能力指数波动存在一定的正向影响效应，但持续时间短。

从第三幅图可以看出，服装业定基发展能力指数对于来自定基偿债能力指数的一个标准差的冲击，呈现先负向后正向周期性波动的交替响应效应。第 1 期小幅下降为 -0.01，第 2 期快速上升为 0.04，第 3 期又快速下降为 -0.027，第 4 期又回升为 0.011，之后持续小幅波动。可见，服装业定基偿债能力指数波动会对发展能力指数产生先抑制而后提升的负正交替的响应效应，总体来说，正向响应效应程度更高。

从第四幅图可以看出，服装业定基发展能力指数对于来自自身的一个标准差的冲击，在第 1 期正向响应达到最大，为 0.043，而后持续下降，在第 4 期降到低点，为 -0.019，而后有所回升，围绕 0 值小幅波动，直到第 10 期这种影响效应消失。可见，服装业定基发展能力指数具有明显但短暂的自我正加强效应。

（六）方差分解

方差分解。方差分解的主要目的是了解系统中各信息对 VAR 模型的内生变量的相对重要性，其主要原理是按照 VAR 模型中各变量的成因，将 VAR 系统中的预测误差分解成各个变量冲击所做的贡献。

图 6-10 显示了综合财务绩效指数波动的方差分解结果。该图显示了综合财务绩效指数波动方差，分别受盈利能力指数波动、周转能力指数波动、偿债能力指数波动、发展能力指数波动和其自身波动的影响程度。从图 6-10 可以看出，综合财务绩效指数波动方差受盈利能力指数波动的影响最大，在第

1 期影响最大，达到 85%。随着时间的推移，这种影响程度有所减少，到第 10 期但仍高达 52%。

其次，发展能力指数波动和偿债能力指数波动，对综合财务绩效指数波动也有较大程度的影响，发展能力指数波动对综合财务绩效指数波动的影响达到 19%，偿债能力指数波动对综合财务绩效指数波动的影响达到 16%。

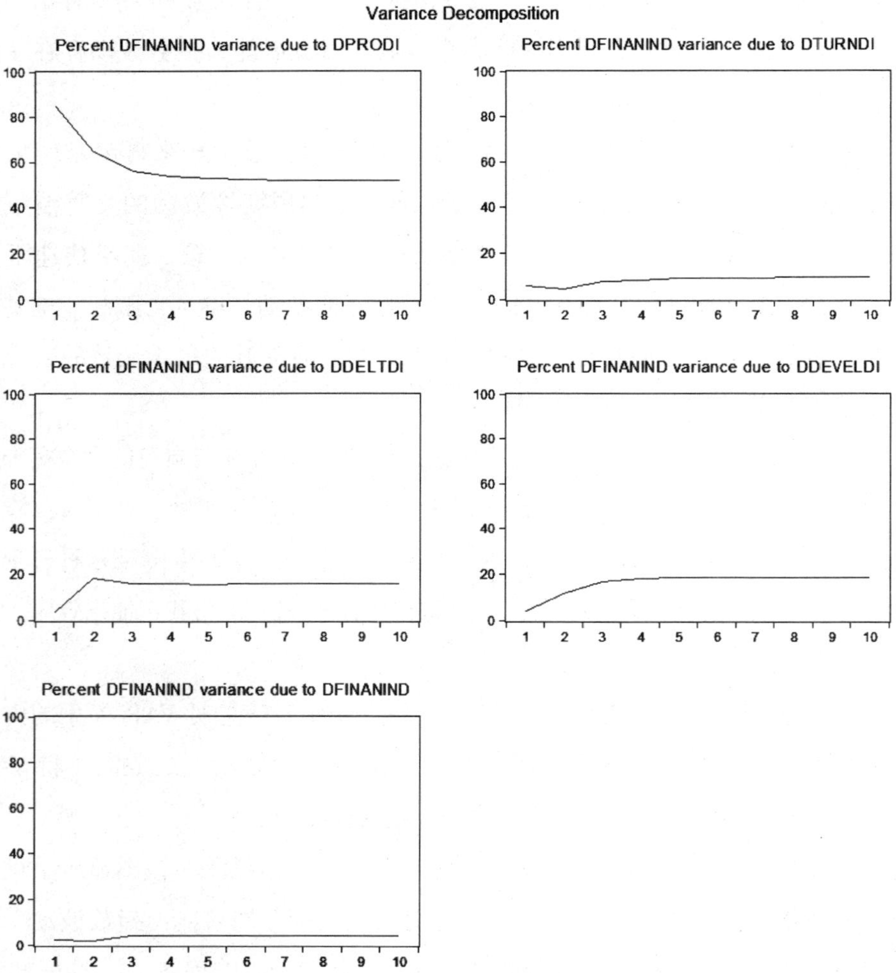

图6-10　综合财务绩效指数波动方差分解图

最后，对综合财务绩效指数波动方差，影响最小的是周转能力指数波动和来自自身的波动，影响程度分别为 9% 和 4%。可见综合财务绩效指数作为一个内生变量，是盈利能力、周转能力、偿债能力、发展能力四个财务能力指数综合作用的结果，本身不具有自我影响的效果，而是深受盈利能力指数波动的影响。

综上所述，通过构建服装业综合财务绩效指数与四大财务能力指数之间的 VAR 方程，并进行格兰杰因果关系分析、脉冲响应分析和方差分析，可以看出，短期内，综合财务绩效指数波动受盈利能力指数波动的影响最大，盈利能力指数波动可以解释大约 50% 的综合财务绩效指数波动方差，其次是发展能力指数和偿债能力指数。四大财务能力指数与服装业综合财务绩效指数之间均存在程度不同的正向影响关系，相比而言，盈利能力指数波动对综合财务绩效指数波动的正向影响程度大，但持续时间短，呈现出迅速而强烈的特征。发展能力指数和偿债能力指数波动对综合财务绩效指数波动也存在较为显著的正向影响关系，但有大约半年的滞后期，呈现出迟缓而持续的特征。从格兰杰因果关系检验结果来看，短期内，偿债能力指数波动是推动服装业综合财务绩效指数波动的格兰杰因果原因，而且服装业定基偿债能力指数波动和定基发展能力指数波动互为格兰杰因果原因。可见，偿债能力指数相对于其他三种财务能力指数而言，更接近于外生变量，偿债能力指数的变化短期内会引起服装业综合财务绩效的变化，可作为预测变量监控服装业财务绩效短期波动趋势。从脉冲响应函数来看，偿债能力指数受到来自服装业盈利能力指数一个标准差的冲击时，呈现出剧烈的负向响应效应。总的来说，服装业盈利能力如果变差，会导致周转能力、发展能力迅速变差，但是会导致偿债能力有所改善，虽然当期综合财务绩效指数会变差，但随着偿债能力的提升，后期会推动盈利能力指数和综合财务绩效指数得到改善和提高。

二、长期协整关系分析

（一）长期协整关系检验

本文采用 Johansen 协整检验法来检验中国服装业定基盈利能力、周转能力、偿债能力、发展能力四个财务能力指数与定基综合财务绩效指数之间是否存在长期协整关系，以期从财务能力指数之间的长期协整关系中探寻服装业财务状况的运行规律。

检验协整关系个数的迹统计量和最大特征根统计量的检验结果如图 6-11 所示。在 5% 的显著性水平下存在一个协整关系。具体来看，在最多有一个协整关系的原假设下，计算的迹统计量值为 40.73，小于 5% 显著性水平下的临界值 47.86，且概率 P 值为 0.1973，可以接受原假设，认为最多存在一个协整关系；同样在该原假设下，计算的最大特征根统计量值为 20.77，小于 5% 显著性水平下的临界值 27.58，且概率 P 值为 0.2901，可以接受原假设，认为最多存在一个协整关系。显然，最大特征根统计量的检验结果和迹统计量的检验结果一致，这表明中国服装业四大财务能力指数与综合财务绩效指数之间存在长期协整关系，指数之间具有长期稳定的相互联系。

Date: 09/06/19 Time: 20:55
Sample (adjusted): 2013Q3 2018Q4
Included observations: 22 after adjustments
Trend assumption: Linear deterministic trend
Series: DELTDI DEVELDI FINANIND PRODI TURNDI
Lags interval (in first differences): 1 to 1

Unrestricted Cointegration Rank Test (Trace)

Hypothesized No. of CE(s)	Eigenvalue	Trace Statistic	0.05 Critical Value	Prob.**
None *	0.872663	86.07447	69.81889	0.0015
At most 1	0.611045	40.73424	47.85613	0.1973
At most 2	0.476527	19.95984	29.79707	0.4256
At most 3	0.185932	5.719923	15.49471	0.7283
At most 4	0.052838	1.194269	3.841466	0.2745

Trace test indicates 1 cointegrating eqn(s) at the 0.05 level
* denotes rejection of the hypothesis at the 0.05 level
**MacKinnon-Haug-Michelis (1999) p-values

Unrestricted Cointegration Rank Test (Maximum Eigenvalue)

Hypothesized No. of CE(s)	Eigenvalue	Max-Eigen Statistic	0.05 Critical Value	Prob.**
None *	0.872663	45.34022	33.87687	0.0014
At most 1	0.611045	20.77440	27.58434	0.2901
At most 2	0.476527	14.23992	21.13162	0.3457
At most 3	0.185932	4.525655	14.26460	0.8001
At most 4	0.052838	1.194269	3.841466	0.2745

Max-eigenvalue test indicates 1 cointegrating eqn(s) at the 0.05 level
* denotes rejection of the hypothesis at the 0.05 level
**MacKinnon-Haug-Michelis (1999) p-values

图6-11 协整关系个数的检验结果

基于对数似然最大的协整关系式如图 6-12 所示。中国服装业四大财务能力指数与综合财务绩效指数之间通过 Eviews7.0 运算得出协整关系式为：

3.08finanind = deltdi + 0.52develdi + 1.12prodi + 0.64turndi

将上述协整方程式整理为更直观、简洁的表达式：

finanind = 0.32 deltdi + 0.17develdi + 0.36prodi + 0.21turndi

协整方程显示，服装业定基综合财务绩效指数与定基盈利能力指数、定基偿债能力指数、定基周转能力指数和定基发展能力指数之间都存在正相关的长期均衡关系，当服装业定基偿债能力指数上升 1% 时，定基综合财务绩效指数就上升 0.32%；当服装业定基发展能力指数上升 1% 时，定基综合财务绩效指数就上升 0.17%；当服装业定基盈利能力指数上升 1% 时，定基综合财务绩效指数就上升 0.36%；当服装业周转能力指数上升 1% 时，定基综合财务绩效指数就上升 0.21%，可见盈利能力指数的变化从长期来看对服装业综合财务绩效指数的波动影响最大，其次是偿债能力指数的波动，对服装业综合财务绩效指数的波动影响也很大。

1 Cointegrating Equation(s):		Log likelihood	251.3396	
Normalized cointegrating coefficients (standard error in parentheses)				
DELTDI	DEVELDI	FINANIND	PRODI	TURNDI
1.000000	0.520649	-3.080874	1.119895	0.637423
	(0.04910)	(0.06349)	(0.02984)	(0.02236)
Adjustment coefficients (standard error in parentheses)				
D(DELTDI)	0.001383			
	(0.73359)			
D(DEVELDI)	-1.037513			
	(0.73226)			
D(FINANIND)	-0.053030			
	(0.56189)			
D(PRODI)	1.126063			
	(1.24579)			
D(TURNDI)	-1.847781			
	(1.17746)			

图6-12　对数似然最大的协整关系式

从服装业综合财务绩效指数与四个财务能力指数之间长期波动关系来看，服装业综合财务绩效对来自盈利能力指数的变化最敏感，企业盈利能力集中反映了服装业的发展质量和资金运用效率，企业盈利能力的变化是企业应对市场需求变化主动调整产品结构，进行业务和价值链重构的结果。服装业综合财务绩效对来自偿债能力指数的变化也很敏感，偿债能力集中反映了服装业运用财务杠杆调整债务结构的能力和水平，偿债能力的变化深受外部资本市场融资成本变化的影响。综上所述，从长期来看，企业内部资本获利能力的变化和外部金融市场用资成本的变化，是推动服装业综合财务绩效波动变化的主要因素。

（二）误差修正模型

基于上述协整检验的结果，可以建立定基盈利能力指数 prodi、定基周转能力指数 turndi、定基偿债能力指数 deltdi、定基发展能力指数 develdi 与定基综合财务绩效指数 finanind 的一阶差分变量之间的 VEC 模型。Eviews7.0 输出的误差修正的结果如图 6-13 所示，建立的误差修正方程为：

$$\Delta Y_t=\begin{bmatrix}-2.32\\-6.65\\1.01\\-1.92\\-1.47\end{bmatrix}CointEQ_{t-1}+\begin{bmatrix}-0.18&1.14&1.18&0.18&-1.58\\3.43&1.54&1.99&2.63&-9.31\\0.02&-0.69&-0.82&0.50&0.42\\1.44&0.49&2.02&0.51&-3.66\\0.82&0.51&1.44&0.82&-2.76\end{bmatrix}\Delta Y_{t-1}+\varepsilon_t;\Delta Y=\begin{bmatrix}DPRODI\\DTURNDI\\DDELTDI\\DDEVELDI\\DFINANIND\end{bmatrix}$$

Error Correction:	D(DPRODI)	D(DTURNDI)	D(DDELTDI)	D(DDEVELDI)	D(DFINANIND)
CointEq1	-2.319967	-6.648328	1.010921	-1.921317	-1.467703
	(2.74384)	(2.63387)	(1.67105)	(1.43092)	(1.26282)
	[-0.84552]	[-2.52417]	[0.60496]	[-1.34272]	[-1.16224]
D(DPRODI(-1))	-0.180059	3.429017	0.019323	1.436858	0.824419
	(1.66788)	(1.60104)	(1.01578)	(0.86980)	(0.76763)
	[-0.10796]	[2.14175]	[0.01902]	[1.65193]	[1.07399]
D(DTURNDI(-1))	1.141412	1.540250	-0.686365	0.487504	0.508620
	(0.89298)	(0.85719)	(0.54384)	(0.46569)	(0.41098)
	[1.27821]	[1.79686]	[-1.26206]	[1.04684]	[1.23757]
D(DDELTDI(-1))	1.183459	4.990323	-0.824776	2.016385	1.435248
	(1.70118)	(1.63300)	(1.03606)	(0.88717)	(0.78295)
	[0.69567]	[3.05592]	[-0.79607]	[2.27283]	[1.83312]
D(DDEVELDI(-1))	0.178180	2.628173	0.499545	0.508023	0.815810
	(1.14898)	(1.10293)	(0.69975)	(0.59920)	(0.52881)
	[0.15508]	[2.38290]	[0.71389]	[0.84784]	[1.54274]
D(DFINANIND(-1))	-1.582311	-9.313430	0.421595	-3.655290	-2.761406
	(4.66461)	(4.47766)	(2.84085)	(2.43260)	(2.14684)
	[-0.33922]	[-2.07998]	[0.14840]	[-1.50262]	[-1.28627]
C	-0.003916	0.002223	-0.001513	-0.001723	-0.001768
	(0.02871)	(0.02756)	(0.01749)	(0.01497)	(0.01322)
	[-0.13639]	[0.08065]	[-0.08653]	[-0.11509]	[-0.13377]

图6-13　VEC模型估计结果图

由本书所构建的VEC模型的误差修正项的系数可知，第一个系数-2.32表示，在定基周转能力指数turndi、定基偿债能力指数deltdi、定基发展能力指数develdi、定基综合财务绩效指数finanind不变的情况下，定基盈利能力指数prodi在t期的变化，可消除前一期2.32的非均衡误差。第二个系数-6.65表示，在定基盈利能力指数prodi、定基偿债能力指数deltdi、定基发展能力指数develdi、定基综合财务绩效指数finanind不变的情况下，定基周转能力指数turndi在t期的变化，可消除前一期6.65的非均衡误差。第三个系数1.01表示，在定基盈利能力指数prodi、定基周转能力指数turndi、定基发展能力指数develdi、定基综合财务绩效指数finanind不变的情况下，定基偿债能力指数deltdi在t期的变化，可增加前一期1.01的非均衡误差。第四个系数-1.92表示，在定基盈利能力指数prodi、定基周转能力指数turndi、定基偿债能力指数deltdi、定基综合财务绩效指数finanind不变的情况下，定基发展能力指数develdi在t期的变化，可减少前一期1.92的非均衡误差。第五个系数-1.47表示，在定基盈利能力指数prodi、定基周转能力指数turndi、定基偿债能力指数deltdi、定基发展能力指数develdi不变的情况下，定基综合财务绩效指数finanind在t期的变化，可减少前一期1.47的非均衡误差。

可见，从长期来看，定基偿债能力指数存在线性变化的趋势，对服装业财务绩效系统的影响呈现出单边加强的效应。定基盈利能力指数、定基周转能力指数和定基发展能力指数存在不同程度的周期变化的趋势，这3类指数共同作用，推动服装业财务绩效指数呈现出震荡波动的效应。

VEC模型的协整关系图如图6-14所示。从图中可以看出，零值均线代表的是变量之间的长期均衡稳定关系。2014～2015年误差修正项的绝对值比较大，表明该时期短期波动偏离长期均衡关系的幅度比较大。经过大约2年的调整，在2016年左右重新回到长期均衡稳定状态，误差修正项的绝对值比较小。又经过约2年的调整，到2018年误差修正项的绝对值又开始变大，服装业财务绩效系统又开始大幅度偏离长期均衡稳定状态。

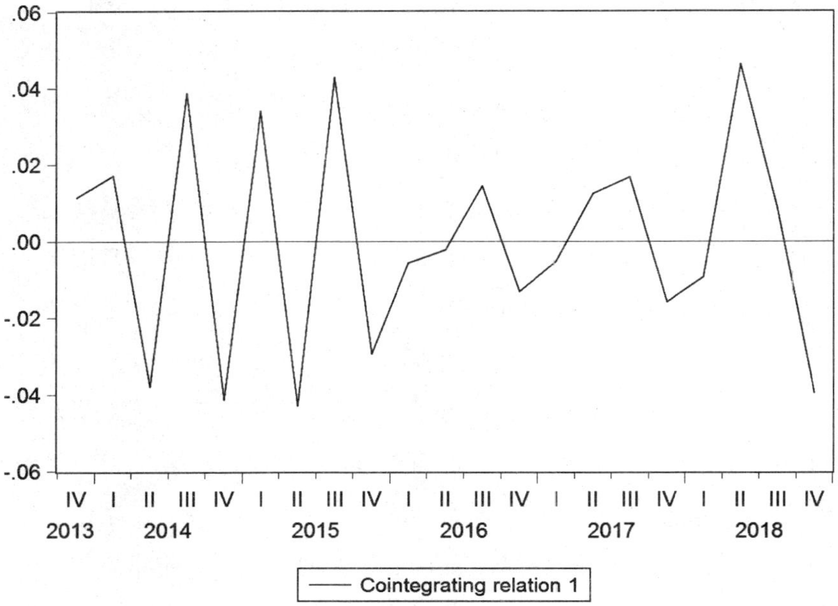

图6-14 VEC模型估计结果图

第四节 本章小结

首先从理论上阐述了财务能力和企业财务绩效之间的关联关系，然后运用向量自回归 VAR 方法及模型，构建了服装业四大财务能力指数与综合财务绩效指数波动的 VAR 模型，通过格兰杰因果关系检验发现，短期内，服装业定基偿债能力指数与定基发展能力指数互为格兰杰因果原因，同时，定基偿债能力指数也是推动服装业综合财务绩效指数波动的格兰杰因果原因，其他几个财务能力指数与服装业综合财务绩效指数之间并不存在显著的格兰杰因果原因。从脉冲响应函数来看，服装业综合财务绩效指数对于来自其自身的一个标准差的冲击，响应效应并不明显，而对来自四大财务能力指数的一个标准差的冲击，响应效应明显。具体来说，盈利能力指数一个标准差的冲击会对服装业综合财务绩效指数波动产生最剧烈的正向影响，但持续时间短，呈现出迅速而强烈的特征；发展能力指数和偿债能力指数一个标准差的冲击对服装业综合财务绩效指数波动也存在较为显著的正向影响，但有大约半年的滞后期，呈现出持续而平缓的特征。从VAR模型的脉冲响应分析来看，服装业综合财务绩效指数波动的预测方差中由定基盈利能力指数波动引起的部分占52%，由定基发展能力指数波动和定基偿债能力指数波动引起的部分分别占19%和16%，由定基周转能力指数波动和自身波动引起的部分分别占9%和4%。显然，服装业综合财务绩效指数是盈利能力、周转能力、偿债能力、发展能力四个财务能力指数综合作用的结果，本身不具有自我加强的效果，主要受定基盈利能力指数、定基偿债能力指数和定基发展能力指数的影响。

本章最后对中国服装业四大定基财务能力指数和定基综合财务绩效指数做了长期协整分析，结果表明，中国服装业四大财务能力指数和综合财务绩效指数之间存在长期协整关系，从长期来看，盈利能力指数和偿债能力指数的变化，对服装业综合财务绩效指数的波动影响最大，当定基盈利能力指数和定基偿债能力指数每上升1%时，服装业定基综合财务绩效指数就分别上升0.36%和0.32%。从基于协整关系构建的误差修正模型来看，定基偿债能力指数不具有自我修复的效应，该指数会推动服装业财务绩效系统朝着远离均衡稳定状态发展，定基盈利能力指数、定基周转能力指数和定基发展能力指数均具有不同程度的自我修复效应，其中，定基周转能力指数消除非均衡状态的程度最大，盈利能力指数的纠偏程度次之，发展能力指数和综合财务绩效指数最弱，这些指数联合推动服装业财务绩效系统朝着长期均衡稳定状态发展。

第七章 企业战略差异对服装业财务绩效波动的影响分析

第六章从产业层面分析了服装业盈利能力、周转能力、偿债能力和发展能力对服装业综合财务绩效指数的波动影响，本章则从企业微观层面探究企业战略差异对服装业财务绩效的波动影响，旨在研究企业的战略选择及资源配置差异对财务绩效波动的影响，指导服装企业科学制定企业战略，实施相应的财务管理活动。

第一节　理论分析与文献回顾

一、企业战略差异

企业战略是企业未来发展的蓝图。在激烈的市场竞争中，每个企业都在探索适合自身发展的战略，他们会综合考察市场环境的变化、消费者的需求和自身独特的优势，从而制定面向未来的长期规划，企业战略不仅引领企业的发展方向，而且对企业的可持续发展、获得竞争优势至关重要。在以市场为主导的资源配置环境下，企业通过识别、培养客户需求，形成某个产品需求在某一细分市场的聚集，并推动产业的快速发展，参与产业发展的大多数企业由于资源获取方式、产品需求、顾客群体类似，发展模式日益趋同，就形成了行业常规性战略。随着投入该行业的企业越来越多，市场需求饱和，产业进入成熟期，企业面临的市场竞争加剧，一部分企业会摒弃现有的环境和常规发展战略，挖掘自身的优势，选择差异化战略，以追求更高的利润。

企业选择差异化战略，往往会给企业带来较大的不确定风险。毕竟，选择差异化较大的战略意味着企业的发展与行业主流模式偏离较远，存在更多的试错成本，面临未知的市场与不稳定的顾客群体，经营风险很大。不可否认，也有部分企业在选择差异程度大的发展战略时，能够大胆改革，获得新的增长机会，从行业常规发展模式中脱离出来，成为引领产业变革的翘楚。

其次，相比常规性战略，差异化战略没有经过行业的充分检验，被市场接受程度低，会增加企业聚焦资源的成本，加剧经营风险。最后，企业如果选择常规战略往往更符合政府对这个行业监管法规的要求，更加适应国家法律制度环境，一方面有利于降低法律诉讼风险，另一方面容易获得政府层面的支持，而企业选择差异化大的战略，相关的法律法规还不够完善，市场认可度也不高，存在更多的不确定性。

企业战略差异测度和计量是个难点问题。企业的战略差异，最终体现在企业的资源配置结构差异（Mintzberg，1978；Tang et al.，2011）。叶康涛（2015）在借鉴管理学文献（Mintzberg，1978；Tang et al.，2011）基础上，提出用六个指标来反映企业的资源配置结构：①广告强度（广告费用／营业收入）；②研发强度（研发支出／收入）；③资本密集度（固定资产／雇员人数）；④固定资产更新度（固定资产净值／固定资产原值）；⑤期间费用投入（管理费用／营业收入）；⑥企业财务杠杆（（短期借款＋长期借款＋应付债券）／净资产）。考虑到我国上市公司在2015年未单独披露广告费用（计入销售费用）和研发支出（部分计入无形资产），故变通地采用销售费用和无形资产净值替代广告费用和研发费用。王化成（2019）认为战略作为企业构建核心竞争力而对未来进行的全局性、长期性规划，会受到外部行业环境和企业自身资源禀赋的影响。从产业组织理论角度看，处于同一行业内的企业会面临相似的监管制度、经营环境，不同企业的相互学习和模仿会促使行业内形成一套与行业特征相符的常规战略模式，从而导致企业的决策行为具有一致性。从资源基础理论角度看，企业是多种资源的集合体，资源的异质性决定了企业竞争力的差异。为了获取超额利润，拥有独特资源的企业会根据自身特点进行战略调整，偏离行业常规战略模式。战略差异度作为衡量企业战略偏离行业常规战略模式的指标获得广泛重视。该文在研究战略定位差异、业绩期望差距与企业违约风险的关系时，参照叶康涛等人的做法，也是从上述六个维度衡量不同企业的战略定位差异。

二、绩效波动

企业作为现代社会中一个重要的主体成员，对于推动社会进步、社会发展有着重要作用，企业经营状况的好与坏是各方关注的焦点，股东作为企业的所有者会关心企业的财务状况与经营成果，管理者关注企业的经营业绩、经营质量是否达标，投资者关注企业经营业绩，综合评估企业的偿债状况。企业经营的情况每年都会通过财务报表的情况体现出来，可以在年末看到企业一年的财务状况、经营成果的重要信息，但是财务报表的信息一般只可以反映短时间的经营状况，存在一定的局限性，李琳、刘凤委和卢文彬（2009）认为财务报表上的财务数据仅仅反映的是短时间内的绩效水平，要研究企业长期的发展动态，需要关注企业绩效波动。企业绩效波动是在一段时间内将企业的经营状况与平均数做差异分析，如果差异较大，说明企业经营绩效波动较大，存在的风险也比较大。邹飞（2010）在研究董事会特征与企业绩效波动关系时，用上市企业净资产营业利润率（ROE）、总资产营业利润率和托宾 Q 值（TB）指标在 1999 ～ 2005 年 7 年间的标准差，来反映企业的财务绩效波动。王丹（2012）在研究独立董事职能与公司绩效波动的关系时，选取中小板上市公司 2005 ～ 2010 年资产收益率的标准差和 2005 ～ 2010 年托宾 Q 值的标准差作为代理变量，反映公司业绩波动。卢力（2020）在研究内部控制与企业绩效波动时，借鉴 Adams 等（2005）、Cheng（2013）以及权小锋、吴世农（2010）等学者的方法，把企业绩效波动划分为以下两类：企业横向绩效波动和企业纵向绩效波动。横向绩效波动指的是样本企业的绩效水平与整个行业的平均绩效水平进行比较，通过比较样本企业与行业平均的差异大小，从而衡量样本企业偏离行业绩效的波动性。该文选取代表公司财务绩效的总资产回报率 Roa 来研究对会计绩效，并且选取两种计算方式来计量 Roa，其中一种总资产回报率 Roa1 等于净利润除以总资产余额；另一种总资产回报

率 Roa2 等于净利润除以总资产平均余额，总资产平均余额是通过期初资产总额与期末资产总额加权平均计算出来的。利用总资产回报率指标与影响企业绩效的其他控制变量进行数据回归，从而计算出企业绩效的预测值，进一步计算出实际与预测数据间的差额，由于差额的正负情况都属于企业绩效波动情况，故对 U_Roa 进行绝对值处理，|U_Roa| 越大，企业绩效波动越大。企业纵向绩效波动表示企业自身绩效水平在时间维度上的绩效波动情况。该文用企业在研究期间内绩效指标 Roa1 与 Roa2 的三年标准差来衡量纵向绩效波动。

三、企业战略差异与财务绩效的关系分析

一个行业从导入期到高速发展期再到成熟期，需要长时间的积累，在这一过程中，自然而然会出现符合行业自身发展的战略模式，也就是常规战略，但随着市场日益剧烈的竞争，部分企业选择偏离常规战略的发展模式，选择战略差异化的方针。J.B.Barney（1991）认为企业选择差异化战略利大于弊，选择差异化战略的企业勇于接受挑战，敢于创新，提高自身竞争力，有利于提高绩效水平。但另一方面，叶康涛（2014）研究发现企业选择差异化战略，会给企业带来不确定性，会存在很多困难，如何获取新的资源、新的顾客群体，如何重新开拓新的市场，反而会提高绩效的波动。朱丹、周守华（2018）运用曲线调节效应回归模型研究了企业战略变革与企业绩效的关系，发现企业进行变革要掌握适度原则，战略变革与企业绩效呈倒 U 型，超出一定的范围就会使企业绩效下降。陈收（2014）的研究发现战略差异越大可能给企业带来极端收益或极端损失。根据以往的研究，可以发现企业选择差异化战略，可能会给企业带来积极影响，也可能带来消极影响，或者是在一个范围内有影响，但是无疑给企业带来更多的不确定性，更大的绩效波动。叶康涛（2014）认为企业采取差异化战略，往往是比较陌生的领域，相关的行业规范可能还不是很熟悉，甚至对于相关的法律政策还不够完善，新的市场环境

会导致资源获取渠道变得较困难，可能会提高企业的融资成本，社会认可度降低，从而加剧企业的经营风险。卢力（2020）研究表明，企业选择偏离常规的差异化战略，战略差异程度与企业纵向绩效波动显著正相关，毕竟企业主动打破以往的常规发展路径，积极变革，迎接挑战，这会给企业带来巨大的经营风险，加剧企业自身的绩效波动。同时战略差异程度与企业横向绩效波动也显著正相关。毕竟敢于尝试不同于行业趋同发展模式的差异化战略的企业，会有更强的动机去谋取更大的利润，提高创新能力，抢占新市场和新的顾客群体，如果这种尝试最后成功，可能会获取远高于行业的超额利润，如果最后失败了，也可能面临巨大的损失，两种结果都将给企业带来巨大的绩效波动。相反，趋于常规发展战略的企业经营相对稳定，通常其风险就会更小，绩效也会更中庸一些，而选择战略差异度大的企业绩效水平偏离同行业平均绩效水平，带来企业横向绩效波动。另外，该文研究发现，内部控制作为企业一项有效的制度保障，能够削弱企业战略差异化对企业绩效波动的影响。

第二节　研究模型设计

一、研究假设

从战略定位对企业财务绩效波动的影响来看，一方面，企业的战略定位会通过经营风险对企业财务绩效产生影响。通常来说，企业会选择行业常规战略，以保证经营业绩的稳定性。毕竟行业常规战略是企业在实践中形成的、符合行业发展趋势的可行战略，偏离行业常规战略的企业将付出更多的时间、人力、资金等成本，因此，企业战略差异度越大，企业的业绩波动越大，盈余持续性越差。另一方面，采用行业常规战略的企业更容易得到政府的认可，获取必要的资源支持，当企业战略差异度较大时，企业适应行业环境的难度升高，经营风险加大，企业筹集资源的难度和成本都会加大，从而导致企业财务绩效的波动程度有所升高。由于市场经营环境、政策环境等一系列不确定因素的存在，采用战略差异度大的企业较之选择常规战略的企业，在盈利方面会面临更大的不确定性，如果战略选择最终尝试成功，可能会获取远高于行业的超额利润，如果最后失败了，也可能面临巨大的损失，两种结果都将给企业带来较大的绩效波动。相反，趋于常规发展战略的企业经营相对稳定，通常其风险就会更小，绩效也会更中庸一些。综上分析，本书提出的假设是：企业战略差异程度越大，企业较之行业财务绩效指数波动越大，两者呈正相关关系。

二、变量与模型设计

（一）被解释变量

本书绩效波动指标的衡量，借鉴权小锋、吴世农（2010）等学者的方法，结合本文编制的服装业财务绩效综合指数，采用横向绩效波动指标来衡量。首先本文按照第三章服装业财务绩效指数的编制方法，计算出每家上市公司自身的同比财务绩效综合指数 finanic，然后用第 3 章编制的服装业同比财务绩效综合指数 finani，代表行业整体财务绩效波动水平，最后计算同期样本企业财务绩效指数与行业财务绩效指数的差值 finanic-finani，由于差额的正负情况都属于企业绩效波动情况，故对该差值进行绝对值处理，|finanic-finani| 越大，企业绩效波动越大。

（二）解释变量

本书对于企业战略差异的衡量用 DM 表示，企业战略差异，最终会反映在企业资源配置结构的差异上，从财务维度来看，表现为投融资方式的不同和酌量性支出的强度不同。借鉴叶康涛等人（2015）的研究，在具体指标选择上有所不同，具体计算过程如下：①带息债务权益比，由短期借款、一年内到期的非流动负债和非流动负债构成的带息债务除以所有者权益的账面价值来衡量，该比值越高，通常意味着企业融资方式更激进；②固定资产占总资产比重，反映了企业固定资产的投资强度，及利用固定资产来创造利润和价值的意愿；③金融资产占总资产比重，金融资产包括了交易性金融资产、可供出售金融资产净额、持有至到期投资净额、长期股权投资净额和投资性房地产净额的合计数，反映了企业在有价证券等金融类产品的投资强度，及利用金融产品来创造利润和价值的意愿；④无形资产占总资产比重，该指标反映了企业在知识及智力资产的投资强度，及利用无形资产来创造利润和价值的意愿；⑤销售费用率，由销售费用除以营业收入来衡量，该指标反映了企业广告宣传力度及营销策略；⑥管理费用率，由管理费用除以营业收入来衡量。通过以上六种指标的计算，可以从不同角度反映企业资源的投融资配置和经营策略，较为全面的体现企业的总体战略。然后，基于上述 6 个维度，将每个维度对应的指标进行标准化处理，即采用行业均值进行调整，再除以行业标准差，并取绝对值，由此得到每家上市公司当年在不同战略维度上偏离行业平均水平的程度，之后将以上 6 个维度标准化后的数据进行算术平均，即得到战略差异度的衡量指标。该指标值越大，说明公司偏离行业平均水平的程度越大。

（三）控制变量

（1）公司规模（SIZE）

该指标对企业总资产取自然对数来表示，反映企业财务状况与规模大小。

（2）资产负债率（LEV）

该指标等于企业总负债除以总资产，反映的是企业长期偿债能力。

（3）账面市值比（BTM）

该指标等于企业资产账面价值除以资产的总市值。企业资产的总市值 =（总股本 − 境内上市的外资股 B 股）× 今收盘价 A 股当期值 + 境内上市的外资股 B 股 × 今收盘价 B 股当期值（沪市 ×CNY_USD，深市 /HKD_CNY，转化为人民币）+ 负债合计本期期末值；该指标反映了企业账面价值与市场价值的偏离程度，通常低账面市值比的公司，市场价值存在明显的高估，这样的公司往往是处在成长期的企业，经营战略尚不稳定，高账面市值比的公司，市场价值与账面价值接近，市场估值合理，这样的公司往往是经营稳定的价值型公司。

各变量定义如表 7-1 所示。

表7–1　变量定义表

变量类型	变量名称	变量符号	变量定义
被解释变量	企业财务绩效波动程度	HCPOR	反映了企业同比财务绩效综合指数波动与行业同比财务绩效综合指数波动之差的绝对值，具体计算方法见上文
解释变量	企业战略差异	DM	企业战略偏离行业常规战略程度，具体计算方法见上文
控制变量	公司规模	SIZE	总资产的自然对数
	资产负债率	LEV	总负债 / 总资产
	账面市值比	BTM	公司资产的账面价值 / 资产的市场价值

三、模型设计

为检验本书的研究假设，本书需要构建多元线性回归模型进行解释变量与被解释变量之间的关系分析，但本书研究的被解释变量是企业财务绩效波动程度，该指标反映了企业同比财务绩效综合指数与行业同比财务绩效综合指数之差的绝对值，是一个不会小于零的正数，而用用最小二乘法进行多元线性回归分析时，要求变量的数据是连续没有边界的，而当数据属于截断的数值时，它容易造成参数估计值存在有偏和不一致，因此，这种普通的回归模型不再适用。针对这一问题，本书采用 Tobit 分析法进行多元线性回归。本文构建的 Tobit 模型为：

$$HCPOR = a_0 + a_1 DM + a_2 SIZE + a_3 LEV + a_4 BTM + \varepsilon$$

其中，HCPOR 代表企业财务绩效波动程度，$HCPOR \geqslant 0$，a_1、a_2、a_3、a_4 分别表示各个自变量的回归系数，a_0 为截距项，ε 为残差项。

第三节　企业战略差异影响服装业财务绩效波动的实证分析

一、变量的统计性描述

为了从整体上了解样本特征，本书对上述反映服装企业战略差异及财务绩效波动的所有变量做了描述性统计，详见表 7-2。

表7-2　服装业战略差异与绩效波动有关指标的描述性统计表

相关指标	N	均值	中位数	标准差	极大值	极小值
HCPOR	560	0.3397	0.1230	1.0196	14.0466	0.0002
DM	560	0.7741	0.7388	0.2893	2.3524	0.2999

续表

相关指标	N	均值	中位数	标准差	极大值	极小值
SIZE	560	22.0094	21.8813	1.0624	24.9171	20.0912
LEV	560	0.3492	0.3199	0.1703	0.7688	0.0669
BTM	560	0.5123	0.4706	0.2289	1.1496	0.0906

从表 7-2 来看，企业战略差异指标（DM）的最大值为 2.3524，最小值为 0.2999，这说明部分企业在选择战略发展模式时存在极端现象，可能带来的风险也会加大。考虑到 DM 是已经做过标准化处理的值，均值和中位数比较接近，且明显大于 0，可见服装企业之间的战略发展模式与行业的常规模式相比有很大差异。企业财务绩效波动指标（HCPOR）的最大值为 14.0466，最小值为 0.0002，且均值也远高于中位数，存在明显的右偏现象，可见有一部分企业财务绩效波动远高于行业平均财务绩效波动指数。

此外，在控制变量中，资产负债率（LEV）均值为 0.3492，中位数为 0.3199，最大值为 0.7688，最小值为 0.0669，说明服装企业整体负债水平不高，但个别企业存在高负债现象。公司规模（SIZE）的最大值为 24.9171，最小值为 20.0912，均值为 22.0094，说明各个公司之间的规模普遍较大。账面市值比（BTM）的均值为 0.5123，中位数为 0.4706，说明大多数企业的市场估值是账面价值的 2 倍左右，估值合理，体现了资本市场对服装业进入成熟期之后未来发展的稳定预期。但最大值为 1.1496，最小值为 0.0906，可见个别企业因战略定位差异和实际执行力的不同，资本市场对偏离常规的企业给予了显著不同的估值，不同战略类型和管理风格的企业账面市值比存在如此巨大的差异，在一定程度上也反映了未来的盈利空间和潜在的财务困境成本是不同的，企业账面市值比越低，盈利的不稳定性越强，企业未来可能会面临较高的财务困境成本。

二、相关性分析

在对企业战略差异与企业绩效波动进行回归分析之前，本书对样本数据进行相关性分析，如表 7-3 所示。

表7-3　服装企业战略差异与财务绩效波动指标的相关性分析表

Covariance	BTM	DM	HCPOR	LEV	SIZE
BTM	0.052288				
DM	0.017789	0.083547			
HCPOR	-0.025736	0.023972	1.037793		
LEV	0.009708	0.015559	-0.007908	0.028953	
SIZE	0.105846	0.071859	-0.082301	0.090151	1.126645
Correlation	**BTM**	**DM**	**HCPOR**	**LEV**	**SIZE**
BTM	1.000000				
DM	0.269138	1.000000			
HCPOR	-0.110479	0.081411	1.000000		
LEV	0.249506	0.316351	-0.045621	1.000000	
SIZE	0.436094	0.234220	-0.076112	0.499156	1.000000
t-Statistic	**BTM**	**DM**	**HCPOR**	**LEV**	**SIZE**
BTM	——				
DM	6.601151	——			
HCPOR	-2.625810	1.929503	——		
LEV	6.086328	7.877430	-1.078792	——	
SIZE	11.44729	5.691043	-1.803153	13.60750	——
Probability	**BTM**	**DM**	**HCPOR**	**LEV**	**SIZE**
BTM	——				
DM	0.0000	——			
HCPOR	0.0089	0.0542	——		
LEV	0.0000	0.0000	0.2811	——	
SIZE	0.0000	0.0000	0.0719	0.0000	——

由表 7-3 可以看出，变量与变量之间的相关系数均在 0.5 以下，不存在多重共线性问题。企业财务绩效波动指标（HCPOR）与企业战略差异指标（DM）之间的相关系数为 0.08，两者呈现一定的正向相关关系，且在 5% 的水平下显著。企业财务绩效波动指标（HCPOR）与资产负债率（LEV）之间的相关系数为 -0.05，两者呈现弱的负相关关系，但从 P 值来看，结论不够显著。企业财务绩效波动指标（HCPOR）与公司规模（SIZE）之间的相关系数

为 -0.08，两者呈现弱的负相关关系，且在 7% 的水平下显著。企业财务绩效波动指标（HCPOR）与公司账面市值比（BTM）之间的相关系数为 -0.11，两者呈现一定的负相关关系，且在 9% 的水平下显著，符合理论预期。

三、Tobit回归分析

为了检验本书提出的研究假设的正确性，即企业战略差异程度与企业财务绩效波动之间存在正向相关关系，本书运用 Tobit 回归分析方法，企业财务绩效波动与企业战略差异度等指标的回归结果如图 7-1 所示。

Dependent Variable: HCPOR
Method: ML - Censored Normal (TOBIT) (Quadratic hill climbing)
Date: 07/01/20 Time: 19:28
Sample: 1 560
Included observations: 560
Left censoring (value) at zero
Convergence achieved after 3 iterations
Covariance matrix computed using second derivatives

Variable	Coefficient	Std. Error	z-Statistic	Prob.
C	1.058312	1.018180	1.039415	0.2986
DM	0.476258	0.158162	3.011201	0.0026
SIZE	-0.032899	0.049682	-0.662189	0.5079
LEV	-0.244847	0.296142	-0.826787	0.4084
BTM	-0.542160	0.210018	-2.581492	0.0098
Error Distribution				
SCALE:C(6)	1.003882	0.029997	33.46640	0.0000

Mean dependent var	0.339662	S.D. dependent var	1.019632
S.E. of regression	1.042803	Akaike info criterion	2.867055
Sum squared resid	603.5282	Schwarz criterion	2.913426
Log likelihood	-796.7754	Hannan-Quinn criter.	2.885162
Avg. log likelihood	-1.422813		
Left censored obs	0	Right censored obs	0
Uncensored obs	560	Total obs	560

图7-1 企业战略差异与企业绩效波动的Tobit回归结果

从图 7-1 可以看出，模型对 2013 ～ 2018 年一～四季度服装业上市公司 560 个观测样本进行回归，回归结果显示：企业战略差异（DM）与企业财务绩效波动（HCPOR）的回归系数为 0.476，P 值为 0.0026，小于 5% 的显著性水平，说明该回归系数非常显著，这意味着企业战略差异越大，企业发展战略越脱离行业常规战略，存在的风险也会加大，从而导致企业财务绩效波动加大，明显偏离行业综合财务绩效波动水平。在控制变量中，企业规模越大，企业财务绩效波动越小，两者呈现弱的负相关关系，但从 P 值来看，结论并不显著；企业资产负债率越高，企业财务绩效波动越小，但从 P 值来看，结论并不显著。该结论虽然未通过统计的显著性水平，但结合前文表 7-3 的相关性分析来看，企业规模和资产负债率之间存在较高的相关关系，相关系数为 0.5，且 P 值为 0，结论在统计上非常显著，可见，服装企业规模越大，容易也愿意在金融市场上多贷款，资产负债率就越高。通常企业规模越大意味着经营稳定，财务绩效波动较小，所以本书研究显示企业规模、资产负债率与财务绩效波动之间呈现负相关关系，但该结论从统计上讲并不可靠，换句话说，规模并非是影响财务绩效波动的关键因素，大企业也会因为经营的过度激进而导致财务绩效不稳定。控制变量中的账面市值比与企业财务绩效波动之间的回归系数为 −0.542，P 值为 0.0098，小于 1% 的显著性水平，说明该回归系数非常显著，这意味着账面市值比越大，企业财务绩效波动越大，结合前文表 7–3 的相关性分析来看，账面市值比与企业战略差异的相关系数为 0.27，且 P 值为 0，说明账面市值比与企业战略差异存在显著的正向相关关系。该结论符合理论预期，账面市值比通常作为企业财务困境成本的代理变量，账面市值比越低，财务困境成本越大，经营的不确定性越强，财务绩效波动程度就越大。

本书所做的回归分析，验证了之前的研究假设，企业战略差异越大，经营越不稳定，反映财务困境成本的账面市值比越低，财务绩效波动程度就越大。

第四节　影响服装业财务绩效波动的具体战略因素分析

上一节运用 Tobit 回归分析模型，从整体上证明了企业战略差异对服装业财务绩效波动存在正向影响作用，但企业战略差异指标，如前文所述，是汇集了投融资及企业经营等六个维度资源配置的综合性指标，究竟哪个维度的企业战略对企业财务绩效波动影响最显著呢？本节运用多个独立样本的 Kruskal-Waillis 检验法和中位数（Median）检验法，从构成企业战略的六个维度入手，检验各个维度指标值在财务绩效波动程度不同的企业之间的差异程度，进一步探究哪些具体的企业战略对企业财务绩效的波动程度影响更大。

一、Kruskal-Waillis与Median非参数检验法

Kruskal-Waillis 检验法的基本思路：首先将多组样本数混合按升序排列，并求出每个观察值的秩，然后对各组样本的秩分别求出平均值。如果各组样本的平均秩大致相等，则可以认为多个独立总体的分布没有显著差异。如果各样本的平均秩相差很大，则不能认为多个独立总体的分布无显著差异。

Kruskal-Waillis 检验法的检验步骤如下：首先提出假设：原假设 H0：多个独立样本来自相同的总体，反映企业战略差异度的指标在不同财务绩效波动组之间无显著差异。备择假设 H1：多个独立样本来自不同的总体，反映企业战略差异度的指标在不同财务绩效波动组之间存在显著差异。其次计算

K-W 检验统计量：

$$H=\frac{12}{N(N+1)}\sum_{i=1}^{k}n_i(\overline{R_i}-\frac{N+1}{2})^2$$

n_i——第 i 组样本的样本容量；

N——混合样本的总样本容量；

$\overline{R_i}$——第 i 组样本的平均秩。

最后将显著性程度设定为 5%，当 P 值低于 0.05 时，原假设不成立。据此进行判断。

Median 检验法的基本思路：如果各组样本的测定数据的分布无差异，那么各组独立样本的中位数无显著差异，也就是可以说各组样本拥有共同的中位数。这个共同的中位数在每组样本中都应该处于中间位置。故可检验其中位数上下各有观察值数目的差异在各组之间是否有统计意义，从而作出统计推断。

Median 检验法的检验步骤如下：首先将各组样本（A、B…）资料混合由小到大排列，求混合资料的中位数。其次对每一样本分别计数超过共同中位数以及小于等于共同中位数的数据个数。列成表格。最后用卡方检验法或精确概率法（理论频数小于 5 时）进行检验。假设条件和显著性水平的设定同 Kruskal-Waillis 检验法，不再赘述。

二、非参数检验分析结果

本书以企业财务绩效波动程度指标（HCPOR）的中位数 0.123 为临界点，将全部样本按照综合财务绩效波动的大小分为三组，波动值低于 -0.123 的企业归类为组 1，波动值在 −0.123 ～ 0.123 的企业归类为组 2，波动值高于 0.123 的企业归类为组 3，显然组 1 属于财务绩效波动明显低于行业平均水平的企业，组 2 属于波动趋近与行业平均水平的企业，组 3 属于财务绩效波动明显高于行业平均水平的企业。然后用非参数检验法，对三个组样本的企业战略指标进行对比分析。具体分析结果如表 7–4 和表 7–5 所示。

表7–4　不同财务绩效波动组的企业战略指标Kruskal–Waillis检验统计量表

	带息债务权益比	固定资产净值 / 总资产	金融资产 / 总资产	无形资产 / 总资产	销售费用 / 收入	管理费用 / 收入
卡方	28.853	14.099	33.510	2.819	34.817	14.380
df	2	2	2	2	2	2
渐近显著性	.000	.001	.000	.244	.000	.001

表7–5　不同财务绩效波动组的企业战略指标Median检验统计量表

	带息债务权益比	固定资产净值 / 总资产	金融资产 / 总资产	无形资产 / 总资产	销售费用 / 收入	管理费用 / 收入
N	560	560	560	560	560	560
中值	.20091650	.12769012	.09673979	.02750276	.15837817	.07988065
卡方	22.479a	11.612a	19.511a	7.044a	32.012a	18.192a
df	2	2	2	2	2	2
渐近显著性	.000	.003	.000	.030	.000	.000

由表 7–4 和表 7–5 的统计结果可以看出，除了代表无形资产投资强度的无形资产 / 总资产指标值在三个不同财务绩效波动组之间不存在显著差异，其余五个指标值在三个不同财务绩效波动组之间均存在显著差异。这表明不同财务绩效波动组之间，在融资结构、固定资产投资结构、金融资产投资结构、广告宣传力度、管控投入强度方面确实存在着显著的差异，但在无形资产投资方面，不同财务绩效波动组之间并没有形成明显的差异，换句话说，无形资产投入强度并非驱动企业财务绩效波动的战略动因。

进一步，分析企业战略六个维度指标在各组的秩均值，如表 7–6 所示。

表7–6　不同财务绩效波动组的六维度企业战略指标的秩均值

	group	N	秩均值
带息债务权益比	1	104	330.47
	2	305	247.34
	3	151	313.07
	总数	560	

续表

	group	N	秩均值
固定资产净值/总资产	1	104	310.95
	2	305	290.05
	3	151	240.23
	总数	560	
金融资产/总资产	1	104	254.60
	2	305	257.10
	3	151	345.61
	总数	560	
无形资产/总资产	1	104	298.13
	2	305	270.39
	3	151	288.77
	总数	560	
销售费用/收入	1	104	349.94
	2	305	282.58
	3	151	228.48
	总数	560	
管理费用/收入	1	104	331.68
	2	305	275.57
	3	151	255.21
	总数	560	

由表 7-6 可以看出，带息债务权益比的秩均值在绩效波动明显偏离行业平均水平的 1 组和 3 组显著高于绩效波动正常组 2 组。这表明实施差异性战略的企业，通常比实施常规性战略的企业，更依赖于金融系统的带息债务融资，毕竟企业要想实现弯道超车，完全依靠自有资金积累和商业无息负债融资，难以突破融资天花板的限制，所以战略激进型企业通常在融资策略的选择上也更为激进，敢于借债实现跨越式发展。但 1 组比 3 组的带息负债水平还高，这在一定程度上也说明了在选择负债融资策略时，要适度不能过度，过高的带息债务占比，不仅难以发挥负债的正向杠杆的撬动作用，反而还会因过重的债务负担，导致财务绩效的明显下滑，严重低于行业平均水平，另

外，过高的带息债务占比，预示着企业陷入财务困境的概率明显上升。因此，该指标如果明显偏高，值得投资人和企业利益相关者高度警惕。

固定资产净值占总资产比重的秩均值，1 组绩差组显著高于 2 组正常组，2 组正常组显著高于 3 组绩优组。这表明，对于当前的服装业上市公司而言，最赚钱的经营模式是轻资产模式，固定资产的投资占比越低，企业的财务绩效越明显优于行业平均水平。

金融资产占总资产比重的秩均值，1 组绩差组显著低于 2 组正常组，2 组正常组显著低于 3 组绩优组。可见，服装企业在资金投向上，选择金融地产类项目进行投资，赚钱的效果要远远好于投资服装实业本身。这种现象在其他传统制造业中也很突出，资金呈现脱实向虚的状况，大量的资本在金融系统中空转、自我加强，就能产生财富效应，而投资诸如服装业这样的传统实业，却越投越亏。这种结局有产业自身的原因，产业结构调整不到位、产品缺乏竞争力，市场需求下降，导致企业盈利能力不断下降，但外部扭曲的金融环境也起到了釜底抽薪的作用，导致做实业的缺乏定力，无心做实业，更愿意赚快钱、赚容易的钱，金融不但无法有效服务实业，还抽走了宝贵的实业资本，这对实体产业的打击是双重的。

无形资产占总资产比重的秩均值，在三个不同财务绩效波动组之间并不存在显著差别。无形资产占总资产比重在一定程度上反映了企业知识资本的积累能力，是研发和创新驱动增长的结果，但遗憾的是，无论是绩差组、正常组，还是绩优组，在这个维度上不存在统计上的显著差异，换句话说，导致财务绩效显著正向或负向波动的动因，和无形资产的投资强度无关。可见，服装企业在研发、创新方面趋于一致，没有企业选择通过加大无形资产的投入，来提升财务绩效，这从侧面上印证了服装业热衷于通过金融投资赚快钱的战略逻辑。

销售费用占收入比重的秩均值，1 组绩差组显著高于 2 组正常组，2 组正常组显著高于 3 组绩优组。这表明，1 组在固定资产上投资越多，产能积累的越大，越需要投入更多的广告费用进行宣传促销，产品供给和需求的不平衡，使1组深陷投资实业的泥潭，资金流动性下降，盈利能力低于行业平均水平。反观3组绩优组，轻资产模式使这组企业没有太多的产能压力，广告支出也明显低于行业平均水平，盈利能力自然优于行业平均水平。

管理费用占收入比重的秩均值，1组绩差组显著高于2组正常组，2组正常组显著高于3组绩优组。可见，1组绩差组在内部管理控制方面的支出强度也远大于正常组和绩优组，组织实业经营需要花费大量专业人才进行组织、协调和管控，管理难度远远大于从事金融活动，这在一定程度上也拖累了财务绩效的提升。

第五节　本章小结

本章首先从理论上阐述了企业战略差异对服装业财务绩效波动的影响关系，并通过相关文献梳理，确定了企业战略差异的计量方法，然后运用Tobit方法构建了服装企业战略差异与财务绩效波动之间的多元线性回归方程，实证分析结果表明：企业战略差异程度越大，企业财务绩效波动越偏离行业平均波动水平，企业个体财务绩效指数呈现剧烈的向上或向下的波动趋势，另外，反映财务困境成本的控制变量账面市值比越低，企业财务绩效波动程度越大。最后本章根据企业财务绩效波动程度的大小将样本分成绩差组、正常组和绩优组三个组，运用Kruskal-Waillis检验法和中位数非参数检验法，分析了构成企业战略六个维度的指标在不同波动组的差异情况，研究结果表明：从融资战略来看，绩差组和绩优组的带息债务权益比高，对带息债务的依赖性强；从投资战略来看，绩差组更倾向与固定资产投资，选择了重资产发展道路，而绩优组更倾向金融资产投资，选择了轻资产发展道路，在无形资产投资路径选择上三个组不存在统计上的显著差异，也就是说，绩优组并不是靠知识资本积累来驱动财务绩效的大幅上升的；从经营战略来看，选择重资产发展道路的绩差组，在广告宣传力度和管控支出强度方面均超过了正常组和绩优组，相比而言，绩优组在这两个方面的支出强度最小，盈利空间最大。

第八章
结论与建议

第一节　研究结论

本书首先对财务绩效理论及指数编制理论等相关理论进行了文献回顾和理论分析，在此基础上，采用加权算术平均数指数法，以经济进入中低速增长的第一年——2012年作为指数编制基期，采集了我国服装业上市公司反映盈利能力、周转能力、偿债能力和发展能力的17个具体财务指标，编制了2012～2018年服装业定基及环比四大类别财务绩效指数和综合财务绩效指数，分析了服装业综合财务绩效指数的波动特征和发展趋势。然后运用计量经济学的方法及模型，分别从宏观层面、行业层面和微观层面，分析了经济波动对服装业财务绩效指数波动的影响、行业财务能力对服装业财务绩效指数波动的影响、企业战略差异对服装业财务绩效指数波动的影响。本书的主要研究结论有：

（1）从反映服装业上市公司财务绩效特征的17个具体财务指标2012～2018年的数据分布来看，服装业在企业营业收入增速、总资产增速方面波动幅度大，在资本保值增值率、资产负债率和流动比率方面波动幅度小，可见中国经济新常态下，服装业上市公司之间在发展能力上呈现出明显的两极分化现象，少数规模大、知名度高的企业带动行业快速增长，多数企业则呈现出增长乏力的局面，但行业融资结构并未随着增长能力的剧烈变化而有所分化，股权融资增速稳定，行业呈现比较保守的融资结构。

（2）从反映服装业上市公司同比综合财务绩效指数未来发展趋势的ARMA（4，0，1）模型结果来看，进入新常态以来，服装业上市公司综合财务绩效状况呈现“L”形筑底趋势，短期受政策和金融环境波动影响较大，长期处于弱势发展格局，没有明显的止跌反弹拉升的趋势。当前和今后一段时间，服装业财务状况弱势发展的格局不会改变。

（3）从反映宏观经济与服装业财务绩效指数波动互动影响关系的 VAR 实证结果来看，宏观经济景气度先行指数是服装业定基综合财务绩效指数的格兰杰原因，反之不成立。脉冲响应函数表明，服装业定基综合财务绩效指数对于来自宏观经济景气先行指数的冲击，表现为先负向响应后正向响应的特征，具体来说，宏观经济景气度先行指数的波动在第一季度对服装业综合财务绩效指数没有影响，在二、三季度会出现负向响应效应，第四个季度才会呈现明显的正向响应效应，也就是说，宏观经济景气状况的波动对服装业财务绩效产生直接正向影响大约有 1 年的滞后期。另外，服装业综合财务绩效指数对来自自身的冲击存在明显的正加强效应，但持续时间短，只有一个季度，综合财务状况的改善需要依靠外力作用的催化。VAR 模型的方差分解结果表明，服装业综合财务绩效指数的波动方差大约有 40% 是受宏观经济景气度先行指数的波动造成的，可见宏观经济波动对服装业综合财务绩效的影响很大，可以作为监控服装业财务绩效状况运行的先行指标加以重点关注。

（4）从反映行业财务能力与服装业财务绩效指数互动影响关系的 VAR 实证结果来看，短期内，定基偿债能力指数是推动服装业综合财务绩效指数波动的格兰杰因果原因，同时，服装业定基偿债能力指数与定基发展能力指数互为格兰杰因果原因，其他几个财务能力指数与服装业综合财务绩效指数之间并不存在显著的格兰杰因果原因。从脉冲响应函数来看，服装业综合财务绩效指数对于来自定基盈利能力指数的冲击，表现为迅速且剧烈的正向响应，服装业综合财务绩效指数的波动方差大约有 52% 是由定基盈利能力指数波动引起的。

（5）从服装业财务能力指数和定基综合财务绩效指数的长期协整关系来看，盈利能力指数和偿债能力指数的变化，对服装业综合财务绩效指数的波动影响最大，当定基盈利能力指数和定基偿债能力指数每上升1%时，服装业定基综合财务绩效指数就分别上升0.36%和0.32%。从基于协整关系构建的误差修正模型来看，定基偿债能力指数不具有自我修复的效应，该指数会推动服装业财务绩效系统朝着远离均衡稳定状态发展，定基盈利能力指数、定基周转能力指数和定基发展能力指数均具有不同程度的自我修复效应，其中，定基周转能力指数消除非均衡状态的程度最大，盈利能力指数的纠偏程度次之，这些指数联合推动服装业财务绩效朝着长期均衡稳定状态发展。

（6）从企业战略差异对服装业财务绩效指数波动的影响来看，Tobit多元线性回归结果表明，企业战略差异程度越大，企业同比财务绩效波动程度越大，越偏离行业平均波动水平，而且企业账面市值比越低，企业财务绩效波动程度越大。从构成企业战略六个维度的指标在不同绩效波动组的差异来看，财务绩效同比下降幅度大的绩差组，对带息债务融资的依赖程度最大，资金投向上选择高比例的固定资产投资，重资产发展道路使该组的企业在广告支出和管理支出比重超过了行业平均水平，费用控制不利导致企业盈利能力下降和同比财务绩效指数的大幅下滑。财务绩效同比上升幅度大的绩优组，在融资上也比较依赖带息债务，但在投资布局上却选择了对金融资产的高比例投资，这有利于摆脱产业单一化所带来的经营风险的影响，充分享受金融地产类产品在流动性宽松时代的估值红利，这种轻资产发展道路使绩优组企业在广告支出和管理支出比重上低于行业平均水平，费用的有效控制使该组企业的盈利能力同比大幅上升，远高于行业平均波动水平。

第二节 政策建议

本书通过编制服装业综合财务绩效指数的方式，全面、动态地反映了2012～2018年间中国经济进入新常态以来中国服装业上市公司的综合财务状况，通过实证研究所揭示的问题是长期的和深层次的，而且涉及宏观、产业和企业多个层面。因此，服装业要想实现财务绩效的长期、可持续提升，应从多个维度思考相应的对策建议，才能确保服装业在面临经济增速换挡、产业结构调整、贸易保护主义抬头等不确定环境下，有效防范和化解所面临的显性或潜在的财务危机，走向高质量发展道路。

一、宏观经济运行环境尽量平稳，减少过度的货币政策刺激

本书实证研究结果表明，宏观经济景气度先行指数对服装业综合财务指数波动影响很大，大约占到波动方差的40%。而反映宏观经济景气度先行指数的指标主要体现为货币供给规模的货币供应量M2和货币供给充沛程度的国债利率差、恒生内地流通股指数、新开工项目、房地产开发投资先行指数等方面，以及市场对货币供给程度的未来预期即消费者预期指数。不可否认，宽松的货币政策会使全社会融资成本下降，融资渠道畅通，人们出于抵抗通货膨胀的考虑，会增加保值增值能力强的投资品购买需求，刺激房地产等大宗商品的投资需求，带动消费者需求预期的好转，进而提高服装业的销售收入，促进服装业的资金流动性，提升企业盈利能力，改善服装业的综合财务

绩效。但这种正向加强的效应并非持续的一直发生，而是呈现循环波动的效应。这说明在经济下行期，国家采用宽松的货币政策能在一定程度上改善服装业的综合财务状况，但时效性很短，很快服装业又会面临产业内部的激烈竞争和需求下降的不利因素，重新走向衰退。反复的货币政策刺激反而加大了服装业综合财务绩效状况的波动，使产业中的企业在加库存、加产能、去库存、去产能的路上循环往复，被货币政策牵着鼻子走，投机心理比较重，难以按照产业自身的发展规律和节奏有效调整和升级产业结构。因此，从宏观层面政府要尽量保持货币政策的长期稳定性，减少过度宽松的货币政策对经济的强刺激效应，给企业一个长期可以预期的宏观经济环境，降低企业的投机心理和非理性投资行为，进而减少服装业综合财务绩效状况的剧烈波动，降低财务风险。

二、成立产业创新投资基金，专项扶持企业转型升级

本书实证研究结果表明，短期来看，服装业定基偿债能力指数与服装业定基发展能力指数之间存在格兰杰因果关系，从格兰杰因果关系的显著性水平来看，行业偿债能力指数的波动对行业发展能力指数的推动作用更明显。从短期行业定基偿债能力指数对行业定基发展能力指数影响的脉冲响应函数来看，服装业定基偿债能力指数波动会对发展能力指数产生先抑制而后提升的负正交替的响应效应，总体来说，正向响应效应程度更高。长期来看，行业盈利能力指数的变化，对服装业综合财务绩效指数波动的影响最大，行业偿债能力指数对服装业综合财务绩效指数波动的影响次之，而且呈现出单边非均衡发展的态势。可见，短期内服装业快速发展要靠负债来推动，发展到一定程度后，通过盈利水平的改善又可以有效降低负债水平，改善负债状况，但行业盈利状况深受外部经济环境和企业自身管理水平的影响，呈现出震荡下行的不稳定状态，服装业不得不继续通过增加负债来维持企业的正常运营，

促进企业的发展，可见负债资金对改善服装业短期的流动性、促进发展，功不可没，但长期还是要依靠行业盈利水平的持续提升，才能改善服装业综合财务绩效，因此，有必要一方面稳定行业的融资来源，另一方面可通过有选择的定向发放贷款或通过直接融资的方式，促进产业的优胜劣汰，提高服装业全要素生产效率。

政府和行业协会可以在资金供给和产业方向选择上发挥重要作用。毕竟，长期而稳定的资金来源是企业赖以生存和发展获利的基础源泉，也是企业抵抗市场波动风险、专注产业转型的底气。政府和行业协会应借助大数据的优势，有效识别行业中的优势企业和发展势头良好的企业，积极调动社会资源，为创新力强、具有高成长性的企业提供股权融资支持。具体而言，一是政府应推进金融体制改革，加强银政、银企合作，用好用足国家货币政策，增强信贷投放，优化信贷结构，形成完善的信贷制度；二是创新融资方式，鼓励成立中小企业基金，积极争取地方政府的财政支持，扩大直接融资规模；三是进一步开放投资市场，探索建立产业发展基金和创新投资基金，努力形成多元投资格局，为创新性强的中小企业建立更新更完善的融资平台，以改善企业的现金流，增强企业的流动性。总之，行业层面，通过产业创新投资基金的积极运作，以创新活动驱动服装业高质量发展，有效提升服装业整体盈利水平，提振股权投资者信心，才能真正改善偿债能力持续下降、影响综合财务绩效指数的不利局面。

三、推进企业间的并购重组，提高产业集中度

在经济下行期，有限的销售收入和利润向处在产业金字塔顶部的头部企业聚集的效应日趋明显，呈现出“强者恒强、弱者恒弱”的产业发展格局。大量中小型企业因自身规模小，融资能力差，抵御宏观经济波动风险及市场经营风险的能力弱，很容易陷入亏损的境地。企业的设备、产房均被闲置，

造成大量的资源不能得到有效的利用。政府和行业协会应出台相应的措施，通过产权交易平台等形式，促进服装业企业间的兼并重组，提高产业集中度和资源配置的效率，以更好地实现产业调整和产业升级。具体来说，首先，应加快大型企业发展，提高企业规模经济水平和范围经济水平，形成一批拥有自主知识产权，主业突出，产业集聚和辐射力强的大公司和企业集团。其次，应大力推进企业组织结构调整，鼓励行业龙头企业、优势企业兼并重组落后企业、困难企业，鼓励优势企业强强联合，提高规模效益，实现优势互补；鼓励关联企业、上下游企业联合重组，实现一体化经营，提高抗风险能力。第三，应充分利用中小企业船小好调头的优势，引导中小企业通过平台化生存方式，提升产品创新能力和市场反应的敏捷性，鼓励、引导中小企业围绕大企业制定发展战略，提高生产专业化水平，积极为大企业集团提供各种服务和基础产品，形成以大企业为龙头、中小企业为依托、产业链条完整、配套功能齐全的发展新格局。充分发挥比较优势，积极推动生产要素合理流动和配置，引导产业集群化发展。

四、构建服装业财务绩效指数化监控体系，增强财务运行平稳性

服装业财务绩效状况的平稳有序运行，对有效识别和防范行业财务风险，促进服装业健康、可持续发展意义重大，因此有必要长期科学跟踪和监控服装业财务绩效的变化。服装业财务绩效指数的编制，能够从产业层面系统地、动态地、长期地追踪服装业综合财务状况的变化以及盈利能力、偿债能力、周转能力、发展能力四个类别财务绩效指数的变化，帮助微观企业了解行业的平均发展水平，进而指导微观企业定期、实时地监控并分析自身的财务绩效状况与行业平均水平的偏差。同时，定期、动态采集服装业上市公司具体财务数据而形成的服装业综合财务绩效指数，还能帮助政府及行业协会的监

管者及时了解行业整体存在的短期和中长期问题，通过适时调整产业政策，促进微观企业的健康发展。本书实证研究结果充分表明，服装业综合财务绩效状况的波动受宏观经济影响比较大，政府的宏观经济政策调控在某种程度上会加大产业财务状况的波动，给企业的经营决策和投融资行为带来许多不确定性，导致企业财务活动的盲目和紊乱，基于服装业具体财务数据的指数化财务绩效监控体系打破了以往财务绩效管理只考虑微观经济主体，而不考虑政府部门影响的片面做法，将宏观经济波动和产业经济波动联动起来分析，能够更全面系统地梳理影响企业财务绩效波动的深层次原因，帮助企业和行业协会建立宏观、中观、微观多维度财务绩效评价观，进而从源头上有效识别和防范财务风险。

五、服装企业应苦练内功，通过创新推动产业高质量发展

本书实证研究结果表明，无论短期还是长期来看，盈利能力指数的波动对服装业综合财务绩效指数的波动影响都很大，但从格兰杰因果关系的时序动因检测来看，偿债能力指数变化而非盈利能力指数变化是推动服装业综合财务绩效指数波动的先行驱动因素，显然，经济进入新常态以来，服装业综合财务绩效的变化要靠外部的增量资金来驱动，企业通过外部融资加杠杆的方式，带动企业盈利能力的变化，而企业盈利能力的变化又是影响综合财务绩效指数波动的主要因素，服装业总体呈现出债务驱动下的规模增长、盈利不增长的弱势格局。究其原因，从企业战略差异对服装业财务绩效指数波动的影响来看，无形资产投资在绩优组、平常组和绩差组三个组之间并不存在统计上的显著差异，但金融资产投资方面，绩优组明显高于其他两个组，综上可见，部分服装企业在外部债务驱动下，更多的是通过金融资产投资获利来提升盈利水平，而不是通过知识和创新，利用无形资产投资来提高盈利能力。这说明经济进入新常态的这几年，服装业整体发展质量并不高，尽管政

府不断用比较宽松的货币政策来提振宏观经济运行环境，但对服装业的财务影响只停留在债权融资规模变化和销售收入规模变化这些总量指标方面，并未有效提升盈利能力，提高财务运行效率，服装产业依然停留在投资拉动增长的粗放型发展模式上，并未有效转变为创新拉动增长的集约型发展模式。因此，从微观层面来看，服装企业有必要转变经营理念，苦练内功，通过产品技术创新、产业融合创新、产业链管理创新，提升产品性能和品牌营销能力，增加产品的毛利率和销售盈利能力，提高资产利润率和权益报酬率，以增强对权益资本的吸引能力，扩大股权融资规模，提高企业偿债能力和综合财务绩效水平。

具体来说，首先要加强技术性投入，通过产品创新提高产品毛利率和盈利水平。在服装产业链中，最具有价值的环节就是对面料配件的高质量生产，这个环节投资大风险高，但它的快速发展也必定会带动整个服装产业的快速发展，提升产品的性能和盈利水平。我国大多数高端面料还依赖进口，成为制约中国服装产业快速发展的瓶颈。服装业上市公司是中国服装业的龙头企业，不能为了追求短期利益和股东权益最大化而放弃了对面辅料基础研发工作的投入。因此，一方面，有条件的大企业要注意把握新一轮纺织科技革命的变化趋势，进一步加大科技研发投入，着力开展前沿技术、基础性技术、核心技术的研发，抢占科技制高点。另一方面，中小企业要走“专、精、特、新”差异化的创新道路，谋求单项产品和局部技术的创新。更为重要的是，要积极利用国家创新体系平台，以开放的思维和宽阔的眼光，充分挖掘和利用全社会的优势技术资源，通过开展产业联盟、产学研有机结合等多种途径提高企业创新质量和效益。此外，还要不失时机地引进并消化吸收再创新国外高科技技术，把对外合作和引进的重点放在掌握关键技术，提高技术能力上，特别是要充分利用国际金融危机过程中一些国外高科技企业身陷困境的契机，选准切入口和突破点，通过购买知识产权，兼并相关企业等方式，加速提高我国服装企业的技术发展起点。同时要高度重视和加大技术改造，通过技术改造，淘汰落后产能，推动产品结构调整，提高企业的工艺水平和产品质量。为实现企业的自主创新奠定坚实基础，推动企业走向自主创新的集约化发展道路，提高资金使用效率和财务绩效。

其次，要加快服装产业和其他产业的融合、共生。产业融合作为一种产业的结构重组，是一种制度创新，这种创新方式的扩散减少了产业内部各经济系统的交易成本，降低了新制度的学习和转换成本，解除了传统路径“锁定”，带动了产业结构的调整与升级。服装业的产业融合可以采取三种方式，一是加快高新技术产业向服装产业的渗透、融合。如信息技术和生物技术对服装产业的渗透融合，产生了新零售、大数据营销、可穿戴设备等新业态。二是通过产业间的功能互补和延伸实现产业间的融合。这类融合通过赋予原有产业新的附加功能和更强的竞争力，形成融合型的产业新体系。表现为设计服务、大数据营销等服务业向传统服装业的延伸和渗透，形成了设计师品牌、个性化定制服务、新媒体品牌等多种形式，有助于提升服装企业的营销能力和品牌管理能力。三是服装产业内部的重组融合。通过服装产业价值链条上下游产业的融合，可以有效提高企业适应市场新需求的能力和产业竞争力。如品牌服装企业通过把产业链上的棉花种植业、纺织业和旧衣回收业融合起来，可以形成绿色环保的服装产业新业态，突破国际绿色贸易壁垒，促进环保消费文化的形成，孕育新市场和新业态，持续提升服装业的可持续发展水平和国际竞争力。

第三，加强服装供应链信息化管理，利用信息赋能提升产业运营效率和综合财务绩效。未来服装业要聚焦现代数字技术与供应链的密切融合，探讨通过人工智能、云计算、大数据等技术，打通供应链上的商流、信息流、资金流、物流，探索企业供应链数字化转型的路径和方法。围绕供应链做强产业链、围绕供应链布局创新链、围绕供应链配置资金链、围绕供应链部署服务链、围绕供应链谋划替代链、围绕供应链拓展柔性链。当前新冠疫情肆虐全球，国际政治、经济等不确定性因素增加，加强服装供应链管理，不仅能提高服装产业链的精细度、敏捷度、缩短响应时长，提高服装产业链的抗风险能力和重组恢复能力，同时提高营运资金周转效率和综合财务绩效。

六、完善公司治理体系，提高股权融资的积极性和比例

本书实证研究结果表明，无论是销售收入增速较快、经营形势良好的服装企业还是收入规模增速慢、发展势头不好的服装企业，2012 年以来偿债能力都呈现出不断下降的趋势，股权融资规模增速缓慢，对外部债权融资的依赖越来越强，这在一定程度上加大了服装企业的财务风险。企业在日常经营过程中必须保持较高的资产流动性，不能安排足够多的、稳定而长期的资金引导和推动企业技术创新的不断深化，必然会影响企业长远的战略布局，引发服装业深层次的危机。股东对服装实业投资的积极性不高，原因是多方面的，有内需不足的原因，有全球贸易范式变革的原因，但根本原因还是公司治理结构不够健全，财务绩效波动程度大，广大股东缺乏长期投资企业的信心。当前，服装业上市公司面临的公司治理风险主要有：一是滥用控制权，侵占公司利益的风险。主要指控股股东、实际控制人或内部人利用其控制权优势，采取关联交易、担保、挪用等方式非法转移、侵占公司的资产。二是公司陷入僵局、无法正常经营的风险。股东之间或者股东与管理层之间因控制权争夺或其他重大利益分歧，出现股东大会或董事会无法正常召开，董事会无法正常换届，从而影响公司的正常经营。三是决策缺乏制衡，执行力不强的风险。如公司领导个人独断，决策随意，董事会对管理层无法有效监控，问责机制缺乏，公司决策不能得到有效执行。四是高管人员舞弊的风险。如公司董事、高管利用非法手段，掩盖亏损，虚增利润，抬高股价，欺骗公众，从而从中渔利。公司治理风险加剧了投资人及潜在投资人对上市公司的不信任。内部人控制当道以及由此而来的对股东价值的淡薄，冷落了投资者的心，致使他们不敢投资，宁愿任凭负利率宰割也要把钱存银行，这必然导致服装

业上市公司直接融资不足、间接融资过高的不利局面，最终形成“公司治理薄弱—股权融资比例低—财务风险堆积”的恶性循环。

因此，需要进一步深化公司治理改革，健全的公司治理结构能够制衡企业战略不会朝着极端差异化的方向发展，确保公司财务绩效在可控范围内波动，提高股东对企业未来业绩的预见性，从而增强股东的投资信心。股东会在完善公司治理体系的过程中，应处理好以下几方面的问题：一是处理好虚拟经济与实体经济的关系，使虚拟经济真正服务于实体经济，在企业战略选择上，应摒弃利用金融资产赚快钱的思维；二是处理好金融创新与金融风险防范的关系，在有效防范风险的前提下进行金融创新，在金融产品投资上，要立足规避产业风险的思维，进行适度的金融创新，利用一系列有效的金融工具，重塑产业生态系统，是董事会在金融投资决策上应考虑的重点；三是处理好治理结构与治理机制的关系，切实在提高治理水平上下真功夫；四是处理好激励与约束的关系，真正形成权责统一、长短结合、物质鼓励与精神鼓励并重的激励约束机制；五是处理好内部治理与外部管理的关系，精心营造内外集合、严格自律、适度监管、规范有序的良好公司治理环境；六是在公司治理中处理好制度与人的关系，制度和人是同样重要的，在完善公司治理的实践中，既要加强治理的制度建设，又要注重人的培养；七是处理好公司治理和内部控制的关系，把二者有机结合起来，使公司治理机制传导到公司经营管理的各个环节和风险控制的各个方面。

最终通过公司治理环境的改善，实现上市公司股东权益的长期可持续增长。毕竟股东利益与其他各方的长期利益并不冲突。在公司运作的所有参与者中，股东是最核心的利益相关者，是推动企业发展的源动力，也是企业最终风险的承担者。现代企业制度把控制权和决策权交给了股东，因为股东是唯一需要全景信息的决策者，他们有使公司成功的动机。他们所冒的风险最大，也是唯一需要知道所有相关利益细节的团体。当股东利用全景信息和决策权威使自己的权益最大化时，所有利益相关者都将受益。寻求股东长期利益最大化，将会使参与其中的客户、员工、政府、资本提供者等各方的利益最大化。稳住股东投资规模并提高股东投资的积极性和比例，方能聚集更多的利益相关者的资源投入，夯实企业的资本规模，拓宽融资渠道。总之，公司治理环境的改善，能够确保公司有长期稳定的资金供给，这不仅能有效降低企业发生财务危机的概率，还为企业产品创新、产业升级、持续提高盈利能力和财务绩效奠定坚实的基础。

第三节　局限性及研究展望

本书的研究具有以下几点局限：①服装业上市公司混业经营的较多，囿于上市公司财务数据披露的局限性，无法有效剔除其他产业对服装业的影响，致使部分财务指标难以直观反映服装业运行的财务状况；②财务指数编制过程中，指标权重的确定会对计算结果产生一定的影响，本文采用基于层次分析法的主观赋权和基于因子分析法的客观赋权方法相结合的方式，尽量避免人为因素和方法自身固有局限性的影响，但不可否认层次分析法会因参与打分的专家人数偏少而有偏差，而因子分析法的赋权思路是按照某项指标在样本中表现的差异越大权重越大的思想来赋权的，并没有完全从财务角度出发考虑指标的重要意义，在一定程度上放大了财务绩效的波动；③本书构建的服装业财务指数评价指标体系，受制于数据采集的限制和被调查专家人数的限制，可能无法系统全面地反映服装业财务状况的全貌；④在结合宏观经济因素进行动因分析的过程中，受制于自身数据采集能力的限制，主要揭示了宏观经济景气度指数与服装业综合财务绩效指数的动态变化关系，模型没有涉及全部反映宏观经济变化的指标。

未来可以在以下几个方面进行深入研究：①扩大研究范围，将研究样本从服装业上市公司推广到全国规模以上服装企业，定期监控我国服装业财务绩效波动状况，架起连接宏观经济与微观经济的桥梁，对研究产业经济波动趋势及背后的财务动因非常有益，使经济监控变得更为立体和多维；②研究更好、更科学地主、客观赋权方法，定期对财务指标权重进行调整，以真实反映不同经济环境下服装业财务运行特征；③纳入更多的反映宏观经济变化或产业经济变化的指标体系，比如：服装业采购经理人指数、中国金融化指数等，通过探究宏观、中观、微观多个层面的指标之间的有规律的指数变化，以便更为全面、系统的监控宏观经济波动对服装业财务绩效的影响，洞悉宏观经济、金融的变化以及产业经济波动的变化与服装业财务绩效波动之间有规律的联系，做到知易而不卜，知微而见著，让监控和预测服装业财务绩效波动的工作变得更为科学和准确。

参考文献

［1］刘伟．经济新常态与供给侧结构性改革［J］．管理世界，2016（07）：1-9.
［2］师博，张冰瑶．新时代、新动能、新经济——当前中国经济高质量发展解析［J］．上海经济研究，2018（05）：25-33.
［3］唐恒书，李茜．EVA，传统会计指标与上市公司股价表现——基于贵州茅台公司的典型案例研究［J］．金融发展研究，2017（3）：38-43.
［4］宁宇新，张志宁，荣倩倩．EVA 实施效果，企业价值与公司治理［J］．会计之友，2017（1）：52-56.
［5］李昕潼，池国华．经济增加值考核对降低国有企业成本的影响——基于权益资本成本的视角［J］．学术交流，2017（2）：152-155.
［6］苑西恒．基于经济增加值的企业业绩对标应用研究——以 F 集团为例［J］．财会月刊：会计版，2017（6）：84-88.
［7］金希恩．国外人工智能在非财务绩效评价的运用与启示［J］．现代管理科学，2018（10）：103-105.
［8］王巧霞．我国上市商业银行财务绩效评价研究——基于 25 家上市商业银行财务数据的实证分析［J］．会计之友，2018（10）：64-67.
［9］张彦霞，肖清泰，肖汉杰，等．组合权重优化的企业财务绩效可变模糊综合评价模型［J］．数学的实践与认识，2018，48（03）：64-74.
［10］孙良泉，刘欣欣，魏洁．新旧动能转换视角下的纺织服装行业质量提升路径研究——以山东省纺织服装行业为例［J］．质量探索，2017，

14（06）：59-66.

［11］陈素琴，郑丹凤．家电类企业多元化经营与财务绩效相关性研究［J］．财会通讯，2017（35）：37-42.

［12］李正伟．沃尔评分法视角下电子商务企业经营绩效评价分析［J］．商业经济研究，2017（23）：96-98.

［13］程金凤．河南省制造业创新型上市公司财务绩效评价研究［J］．财会通讯，2017（32）：19-22.

［14］杨敏．商贸流通类企业财务绩效综合评价分析架构设计［J］．商业经济研究，2017（09）：117-118.

［15］裴正兵．酒店轻资产盈利模式前提、方式与财务绩效评价——华天酒店轻资产经营案例分析［J］．财会月刊，2017（13）：106-110.

［16］舒晓惠．上市公司财务绩效的评价方法研究［D］．广州：暨南大学，2005.

［17］潘琰，程小可．上市公司经营业绩的主成份评价方法［J］．会计研究，2000，01：31-35.

［18］姚蕾．光伏产业上市公司财务绩效评价研究［D］．淮南：安徽理工大学，2016.

［19］赵德武．我国宏观财务经济监测与预警问题研究［J］．财务与会计，2000（3）：16-18.

［20］陈磊．企业景气状况与宏观经济运行［J］．管理世界，2004（3）：14-19.

［21］王恩德，梁云芳，孔宪丽，等．中国中小工业企业景气监测预警系统开发与应用［J］．吉林学社会科学学报，2006，46（5）：122-130.

［22］张友棠，张勇．企业财务景气检测预警系统初探［J］．财会通讯，2006（8）：8-11.

［23］冯自钦、杨轶．三维财务风险预警理论模式及其指数预警矩阵新论——基于现金流量的财务风险三维分析模型及其预警指数体系研

究［J］. 财会通讯，2008（2）：25-28.

［24］闵剑 . 企业跨国投资风险预警指数及定位监控模型［J］. 财会通讯，2013（1）：110- 111.

［25］王化成，陆凌，张昕，等 . 加强会计指数研究全面提升会计在经济社会发展中的影响力［J］. 会计研究，2012（11）：7- 11.

［26］黎春 . 中国上市公司财务指数研究［D］. 成都：西南财经大学，2010.

［27］朱玲芳 . 中国上市公司财务指数波动特征研究——基于全行业、产业和行业财务指数的视角［D］. 成都：西南财经大学，2013.

［28］王保平 . 综合财务指数——理论、编制与实践［M］. 北京：中国财政经济出版社，2015.

［29］王昕 . 自贸试验区背景下外商直接投资产业结构优化效应研究——以珠三角为例［J］. 湖北社会科学，2018（12）：75-82.

［30］李佳伟 . 民间金融、产业结构升级与经济增长［J］. 现代营销（经营版），2019（01）：160-161.

［31］高月媚 . 东北老工业地区生产性服务业与制造业联动实证分析［J］. 统计与决策，2018（24）：120-123

［32］吴欣，张颖 . 基于 VAR 模型的现代流通业驱动区域产业结构升级实证分析［J］. 商业经济研究，2018（24）：157-160.

［33］高濛 . 基于 VAR 模型的我国货币供应量对通货膨胀的影响分析［J］. 中国商论，2018（35）：61-63.

［34］许光建，许坤，卢倩倩 . 货币政策、社会融资结构与实体经济发展［J］. 山西财经大学学报，2019，41（01）：1-16.

［35］祝福云，周颖，陈媛 . 互联网金融产品风险和绩效评价的实证分析——基于 EGARCH-GED 模型的 VaR 方法［J］. 上海立信会计金融学院学报，2018（06）：60-69.

［36］孙良泉，刘欣欣，魏洁 . 新旧动能转换视角下的纺织服装行业质

量提升路径研究——以山东省纺织服装行业为例［J］. 质量探索，2017，14（06）：59-66.

［37］王曼琪，沈雷 . 新媒体趋势下服装品牌形象转变的研究发展［J］. 纺织导报，2018（11）：106-108.

［38］黄满盈，邓晓虹 . 中国纺织服装业转型升级驱动因素——基于上市公司的季度面板数据分析［J］. 技术经济与管理研究，2018（09）：118-123.

［39］姚秋蕙，童昕，韩梦瑶，等 . 全球纺织服装循环经济产业链研究［J］. 生态经济，2018，34（09）：88-93.

［40］何涛，姜宁川 . 纺织服装业服务化转型及价值链优化［J］. 纺织导报，2018（07）：23-26.

［41］王革非，穆雅萍，贾亦晗，等 . 北京纺织服装业现状与发展趋势［J］. 纺织导报，2018（06）：20-22.

［42］沈和平 . 基于业绩波动性的董事会治理效应研究［D］. 南京师范大学，2011.

［43］邹飞 . 董事会特征与企业绩效波动关系的实证研究［D］. 西南交通大学，2010.

［44］Vivek Roy，Bruno S.Silvestre，Shubham Singh.Reactive and proactive pathways to sustainable apparel supply chains：Manufacturer's perspective on stakeholder salience and organizational learning toward responsible management［J］.International Journal of Production Economics，2020，227.

［45］蔡群起，龚敏 . 中国经济周期的波动特征：典型事实与国际比较［J］. 财贸研究，2017，28（09）：1-17.

［46］陈乐一，石磊 . 新中国 70 年经济波动的周期划分、特征和影响因素研究［J］. 中国经济报告，2019（05）：4-18.

[47] 刘子玉 . 中国经济周期动态特征及货币政策有效性研究 [D]. 长春：吉林大学，2019.
[48] 陶传敏 . 我国经济周期波动的特征分析 [D]. 大连：东北财经大学，2016.
[49] 赵旭杰，郭庆旺 . 产业结构变动与经济周期波动——基于劳动力市场视角的分析与检验 [J]. 管理世界，2018，34（03）：51-67.
[50] 马卫国，冯留建 . 产业结构变动视角下经济周期波动与产业结构调整关系分析 [J]. 商业经济研究，2017（11）：174-175.
[51] 顿创，江涛 . 国内外经济周期理论研究文献综述 [J]. 经贸实践，2016（13）：38-39.
[52] 张学功，李楠楠 . 中国经济周期波动及经济增长持续性非对称性研究——机制转换还是结构变化 [J]. 经济问题探索，2017(02):22-30.
[53] 李成，王柄权 . 金融结构、产业结构与经济波动的内在关联性研究——基于省际面板数据的实证检验 [J/OL]. 北京工业大学学报（社会科学版）：1-14 [2020-08-20].http：//kns.cnki.net/kcms/detail/11.4558.G.20200728.1426.002.html.
[54] 桂文林，程慧 . 基于多变量动态 Probit 模型的中国经济景气预测 [J]. 统计与决策，2020，36（11）：16-22.
[55] 丁尚宇 . 银行情绪、信贷供给与经济周期 [D]. 长春：吉林大学，2020.
[56] 赵明昊 . 房地产开发投资的宏观效应研究 [D]. 长春：吉林大学，2020.
[57] 徐曼，邓创 . 中国金融周期的叠加机理及其与经济周期的交互影响 [J]. 国际金融研究，2020（05）：24-33.
[58] 黎春，赵德武 . 企业财务波动视角的货币政策传导微观效应研究 [J]. 金融经济学研究，2019，34（02）：14-24+53.

[59] 黎春，赵德武，马永强．企业财务波动与经济景气水平——微观到宏观的交互影响与经验证据［J］．经济与管理研究，2018，39（08）：42-52.

[60] Kedron Thomas.Cultures of Sustainability in the Fashion Industry［J］. Fashion Theory，2020，24（5）.

[61] Felix Beyers，Harald Heinrichs.Global partnerships for a textile transformation? A systematic literature review on inter- and transnational collaborative governance of the textile and clothing industry［J］. Journal of Cleaner Production，2020，261.

[62] 黎春．中国上市公司财务指数研究［D］.成都：西南财经大学,2010.

[63] 李彤．董事会特征与企业绩效关系的实证研究——以湖北省上市公司为例［J］．当代经济，2015（08）：15-18.

[64] 王保忠，段颖霞，王志刚．“一带一路”背景下纺织服装行业的创新与发展［J］．西安工程大学学报，2020，34（03）：87-94.

[65] 徐曼，邓创．中国金融周期的叠加机理及其与经济周期的交互影响［J］．国际金融研究，2020（05）：24-33.

[66] 程旭．快时尚服装行业五力模型分析——以某互联网服饰品牌为例［J］．中外企业家，2020（11）：19.

[67] 谢圣远，卢灿生．论供给侧结构性改革对全要素生产率的影响——基于粤港澳大湾区 9 市纺织服装行业的经验证据［J］．云南社会科学，2019（06）：58-64.

[68] 徐燕，丛玉华．通化市小学生近视状况调查及统计分析［J］．科技风，2019（25）：229-230.

[69] 王化成，侯粲然，刘欢．战略定位差异、业绩期望差距与企业违约风险［J］．南开管理评论，2019，22（04）：4-19.

[70] 胡佳莹．环境规制对企业全要素生产率的影响［D］．上海：华东政

法大学，2019.
[71] 黄满盈，邓晓虹．中国纺织服装业转型升级驱动因素——基于上市公司的季度面板数据分析［J］．技术经济与管理研究，2018（09）：118-123.
[72] 黄满盈，邓晓虹．中国纺织服装业转型升级的驱动力量及启示［C］．美国信息工程研究学会、新加坡管理与运动科学研究学会．Proceedings of 2018 International Conference on Economy，Management，Sports and Education（EMSE 2018）（Lecture Notes in Management Science，VOL.90）．美国信息工程研究学会、新加坡管理与运动科学研究学会：智能信息技术应用学会，2018：165-170.
[73] 顿创，江涛．国内外经济周期理论研究文献综述［J］．经贸实践，2016（13）：38-39.
[74] 刘慧悦，刘汉．经济新常态下我国经济周期阶段性的非对称特征［J］．当代经济研究，2016（06）：62-68+97.
[75] 谢琴．行业特征、股权结构与上市公司成长性实证研究［D］．成都：成都理工大学，2015.
[76] 李健，刘世洁，李晏墅，包耀东．战略差异度能够减少先进制造业企业风险吗——基于中美贸易摩擦背景的研究［J］．广东财经大学学报，2020，35（03）：30-43.
[77] 宋绍清，冯梦泽．有效的内部控制能够帮助企业管控战略差异风险吗?［J］．商业会计，2020（10）：14-19.
[78] 卢力．企业战略差异、内部控制与企业绩效波动［D］．昆明：云南财经大学，2020.
[79] 王丹．基于公司绩效波动的独立董事职能研究［D］．成都：西南财经大学，2012.
[80] 田立法，苏中兴．竞争驱动战略转型的人力资本视线研究——以天

津中小制造业企业为例［J］. 中国管理科学，2020，28（05）：200-211.
［81］刘进，杨慧，周方召. 企业战略差异、市场地位与商业信用融资［J］. 财会通讯，2020（10）：43-48.
［82］潘何哲，孟枫平. 战略差异度、会计信息可比性与企业风险承担［J］. 广东经济，2020（04）：82-89.
［83］伦蕊. 冒险型研发战略、差异化竞争优势与企业市场价值［J］. 财经科学，2020（04）：80-94.
［84］韩丽荣，刘丁睿. 战略差异度、内部控制有效性与财务报告重大错报风险——基于审计证据三角形理论的研究［J］. 数量经济研究，2020，11（01）：119-135.
［85］周叮波，覃庆华. 差异化战略对跨境电商绩效的影响研究——基于企业能力理论视角［J］. 技术经济与管理研究，2020（03）：59-63.
［86］任相伟，孙丽文. 动态能力理论视角下战略柔性对企业绩效的影响研究——差异化动态环境规制强度的调节效应［J］. 技术经济，2020，39（01）：25-33.
［87］郭飞，吴秋生. 战略差异与企业价值——基于盈余质量的中介效应检验［J］. 财会月刊，2020（02）：117-125.
［88］吕锋. 基于差异化战略的企业管理策略研究［J］. 企业改革与管理，2019（24）：9-10.
［89］侯德帅，赵鹤临，董曼茹，等. 企业战略定位差异与商业信用［J］. 数理统计与管理，2020，39（03）：511-530.
［90］申嫦娥，张博雅，田悦. 财税政策、企业战略对科技创新影响的实证检验［J］. 统计与决策，2019，35（21）：182-185.
［91］丛榕，胡元林. 基于竞争视角的环境规制对企业绩效的影响研究［J］. 生态经济，2019，35（10）：154-159.
［92］郑明贵，潘咏雪，胡志亮. 战略差异对企业经营绩效波动影响的路

径研究［J］. 华东经济管理，2020，34（08）：120-128.

［93］孙佩红，张力方. 战略差异度与企业绩效倒 U 型关系检验——基于制造业上市公司的经验数据［J］. 财经理论研究，2020（04）：73-85.

［94］李晓阳，陈奕彤，王思读，等. 经营风险能否调节差异化战略对企业绩效的贡献［J］. 农业技术经济，2020（06）：131-142.

［95］王化成，侯粲然，刘欢. 战略定位差异、业绩期望差距与企业违约风险［J］. 南开管理评论，2019，22（04）：4-19.

［96］王化成，张修平，侯粲然，等. 企业战略差异与权益资本成本——基于经营风险和信息不对称的中介效应研究［J］. 中国软科学，2017（09）：99-113.

［97］叶康涛，董雪雁，崔倚菁. 企业战略定位与会计盈余管理行为选择［J］. 会计研究，2015（10）：23-29+96.

［98］王书君. 竞争战略、股权结构与公司绩效——以流通业上市公司为例［J］. 商业经济研究，2020（15）：166-168.